FBI

The Dictionary of Body Language
A Field Guide to Human Behavior

讀心術速查手冊

看穿407種姿勢，秒懂別人身體說什麼？

困惑的表情？

挑眉(緊繃)？

假笑？

呆滯的眼神？

聳起一邊肩膀？

雙手放口袋？

僵硬的雙腿？

喬‧納瓦羅(Joe Navarro) 著　　林楸燕 譯

本書獻給我一生的摯愛、
我的摯友以及我所有作品的第一編輯
——我的太太史萊絲·希拉蕊·納瓦羅
（Thryth Hillary Navarro）

「如果語言讓人類能夠隱藏想法，

而動作的目的就是揭露之。」

——約翰・納皮爾（John Napier）

Contents
目錄

額頭

眉毛

眼睛

耳朵

鼻子

嘴巴

嘴唇

臉頰和下顎（下巴兩側）

下巴

臉部

脖頸部

手與手指

胸部、軀幹與腹部

臀部、屁股和生殖器

腿部

雙腳

自序　稱霸「非語言溝通」

　　一九七一年開始，年僅十七歲的我，不知是什麼原因開始在筆記本上記錄人類行為。我記錄下各種類的「非言語行為」──一般稱之為肢體語言。一開始我記錄著人們古怪的動作：為什麼人們覺得不可置信時會翻白眼，或者聽到壞消息時會觸摸自己的脖子？後來我記錄的愈來愈細微的動作：為什麼女生會邊講電話，邊摸頭髮，或是女生彼此打招呼時會揚起眉毛？這些都是小動作，但我深感興趣。為什麼人類會做這些動作，而且如此不同？這些動作的目的是什麼？

　　我承認青少年對肢體動作有興趣其實很怪。我朋友已經跟我提過，他們感興趣的是交換棒球卡、知道平均打擊率最佳的球員或當季踢出最多追加分數的球員，而我比較感興趣的則是細膩的人類行為。

　　一開始為了方便，我在8×13公分大小的卡片上記錄下我的觀察。那時的我不知道達爾文、布朗尼斯洛・馬林諾斯基（Bronislaw Malinowski）、愛德華・霍爾（Edward T. Hall）、德斯蒙德・莫利斯（Desmond Morris）或是我將來的朋友大衛・吉文斯博士（Dr. Davd Givens）——這些人皆是人類行為領域的巨頭。我僅是對其他人的行為以及為什麼他們會有這樣的行為感到興趣，而我只是想要保存自己的觀察。我從沒有想過——四十年後我會將這些行為收集記錄在索引卡上。

　　這些年來，我收集了數千則索引紀錄卡。過去的我沒有想過之後會變成FBI情報人員，而接下來二十五年的時間，我運用那些觀察追捕罪犯、間諜和恐怖分子。但也許是因為我的興趣是人類行為的方式和原因，這一切就是自然而然的結果。

　　我以逃離共產國家古巴的難民身分來到美國。那時我八歲，不懂英語。我必須要快速調適——換言之，我必須要觀察並且解讀這個新環境。母語為英語的人沒注意到的事情，我不能不注意。我的新生活方式，包括判讀對我來說唯一合理的事情——肢體語言。透過對方的表情、眼

神、眼裡的溫柔或是臉上的緊繃神情，我學會詮釋他人隱藏的訊息。我能知道誰喜歡我、誰對我的存在漠不關心，誰是否對我懷著憤怒或生氣的情緒。

美國人的肢體語言當然與古巴人的略有不同。美國人說話帶有不同的節奏和活力。古巴人說話時會靠近彼此，並且時常碰觸彼此的身體。在美國，人們說話時站得遠遠的，而社交性的碰觸可能招致不自在瞥眼或更糟的回應。

我的父母各做三份工作，因此他們沒有時間教我這些事情——我必須要靠自己學習。我學著了解美國文化，以及文化對於非言語的影響，即使當時的我無法將這些觀察化成以上的文字。但我確切知道在這裡有些行為不太一樣，而我必須要了解這些不同之處。我發展出自己一套的科學研究方法，冷靜觀察，並不厭其煩一次、兩次到許多次，驗證每件觀察到的事物，接著才能將觀察到的動作記在索引卡上。隨著我的索引卡數目愈來愈多，某些行為模式開始變得突出。其中一項是大多數的行為能廣義的分成心理自在或不自在的標記；我們的身體會非常精確地同時展示我們感到不自在的情緒。

在自在標記之中——或更精確地說——行為之中，我

後來學到許多源自於腦部的哺乳類動物或情感區域——常被稱為邊緣系統（limbic system）。之前我在古巴所看到的和當時在美國看到的，即是這種無意識的回應。在學校或透過街角商店的窗戶，人們會因為看到真心喜歡的人而揚起眉毛，眼睛發亮。我漸漸相信這類共通行為的真實和可靠性，而讓我抱持懷疑的是口說語言。學會英文之後，我時常聽到人們說自己喜歡某樣東西，但我前一刻才看到他們的臉部顯露出完全相反的感受。

也因為如此，我很小就知道欺騙這回事。人們時常說謊，但他們的非言語動作通常會揭露他們的真實感受。可想而知，孩童非常不擅長說謊；他們嘴巴上否認做壞事，但頭卻會跟著點頭示意承認自己做壞事。年紀愈大，我們愈會說謊。但是受過訓練的觀察者，仍可以察覺某些事情不對勁、這裡有問題、這人不肯完全透漏訊息，或是某人對自己說的話缺乏信心的跡象。本書裡收集了許多種這類的訊號或行為。

隨著年紀漸長，我愈來愈仰賴非言語的訊號。我在學校、運動或做任何事情時都仰賴著它們——甚至和朋友玩樂時也是如此。直到我從楊百翰大學（Young Brigham

University）畢業之際，我已經收集了超過十年的觀察紀錄。在大學裡，我首次與許多種來自不同文化的人共處（其中包括東歐人、非洲人、太平洋島嶼的島民、北美原住民、中國人、越南人和日本人）。類型多過我在邁阿密所見過的，這也讓我能進行深入觀察。

　　在學校時，我開始發覺能夠支撐這些行為的科學基礎。舉個例子：一九七四年時，我有機會見到先天失明的孩童一同玩耍的情況。這讓我非常驚訝。這些孩童從來沒見過其他孩子，但他們卻展現出我認為得要透過視覺學習的行為。他們展現「快樂腳」，以及用手擺出「塔狀」，儘管他們從來沒親眼見過這些動作的模樣。這代表這些行為天生就在我們的DNA之中，屬於原始迴路的一部分──這些非常遠古的迴路，確保了我們的生存以及溝通能力，因此為人類所共有。大學生涯期間，我學到這些行為的演化基礎，而在本書之中，我將揭露一些我們忽視的驚人事實。

　　當我從楊百翰大學畢業時，我接到一通要求我申請加入FBI的電話。我以為這是在開玩笑，沒想到隔天，兩個身穿西裝的男人來敲我家的門，並將申請表格交給我，接

著我的人生因此而永遠改變。那時候，FBI探員時常在校園尋找有潛力的人才。為什麼我的名字會往上呈報，或是誰呈報的，我從來都不知道。我可以告訴你，我非常榮幸能夠受到邀請，加入這個世界上最有聲望的執法單位。

FBI聘僱情報員的紀錄中，我是有史以來第二年輕的情報員。二十三歲的我再次進入一個新世界。雖然我覺得自己在擔任情報員的工作上，有很多方面準備不足，但是我稱霸於一個領域：「非言語溝通」。這是我唯一感到有自信的領域。FBI的工作中，大部分都是與進行觀察有關。是的，你必須要處理犯罪現場並且逮捕罪犯，但大部分的工作是跟人交談、監視罪犯以及進行訪談。這部分的工作對我來說，我完全準備好了。

我在FBI任職了二十五年，最後的十三年都待在局裡的資深國家安全行為分析計畫（NS-BAP）單位。這個單位設置的目的是分析最重要的國家安全案件，我在這個單位應用我的非言語技巧，就好像在服用類固醇一般。這個單位僅有六名情報員，而這些人是從一萬兩千名FBI情報員之中挑選而出，目的是達成不可能的任務：分辨間諜、內奸以及藏在外交身分之下，試圖做出傷害美國的敵對情

報人員。

　　擔任情報員期間，我磨練對肢體語言的理解。我所觀察到的事物，絕對無法在大學實驗室裡複製而成。當我讀到欺騙與肢體語言相關的科學期刊文章，我能分辨作者不曾真的訪問過變態人格者、恐怖分子，以及「假裝的」黑手黨成員或是蘇聯KGB的情報官員。這些人運用大學生當實驗對象，而他們的發現可能在實驗室的環境之下是真實的。但他們對真實世界了解的很少。實驗室無法複製我在生活中所觀察到的事物，沒有任何研究人員能像我一樣，在職涯期間訪談超過一萬三千人次，觀察超過數千小時的監視影片以及依我觀察寫下的行為符號。在FBI任職二十五年即是我的研究所生涯；靠著非言語溝通的觀察，將數名間諜關入牢中就是我的學位論文。

　　從FBI退休之後，我想要跟其他人分享我所知曉的肢體語言。《FBI教你讀心術：看穿肢體動作的真實訊息》（*What Every Body Is Saying*）於二〇〇八年出版，即是與大眾分享肢體語言的產物。書裡關於「自在」與「不自在」的概念為主要關注的焦點，而且我揭露隨處都可見到的「安撫動作」──像是碰觸臉龐或觸摸頭髮──我們用

來應付每日壓力的身體動作。我也試著援用心理學研究、進化生物學和文化背景，解釋這些共通行為的來源，以及為什麼我們會這樣做的原因。

《FBI教你讀心術：看穿肢體動作的真實訊息》變成國際暢銷書籍；它被翻譯成數十種語言，在世界各地銷售超過一百萬本。當我在寫《FBI教你讀心術：看穿肢體動作的真實訊息》時，並不知道它會這麼受歡迎。書出版之後的數年間，我接連受邀演講時一直不斷聽到同樣的話：人們想要知道更多，希望能有更易懂的形式。許多讀者想要的就是種類指南書，一本能快速翻閱的參考手冊，讓讀者能查閱每日生活裡遇到的行為動作。

《FBI讀心術速查手冊》就是本指南書。根據身體部位分類——從頭一路到腳——內容包括我於工作時觀察到最重要的肢體語言四百種行為。我希望透過閱讀《FBI讀心術速查手冊》，讀者能夠獲得如同我和其他FBI情報員運用在判讀人類行為的洞察力。當然，我們用此洞察力審問嫌疑犯。但你們能運用此洞察力在每日生活中——如同我來到美國之後，每天都運用此技巧——更加澈底了解工作上、玩遊戲中互動的人們。在社交關係之中，我想不到

另一種比運用我們溝通最主要的工具──非言語行為，更能了解你的朋友或伴侶的方式。

　　如果你曾經想過為什麼我們會這樣做，或是某種特定行為的意義，我希望本書能滿足你的好奇心。當你在閱讀本手冊時，請模擬你讀到的行為，以了解動作的模樣和動作的感受。藉著模擬動作，你下次見到這些動作時更能記得。如果你跟我一樣喜歡觀察人，如果你想要辨識人們的想法、感受、欲望、恐懼，或意圖為何，不論是在工作上、在家中或在學校教室的話，請繼續讀下去。

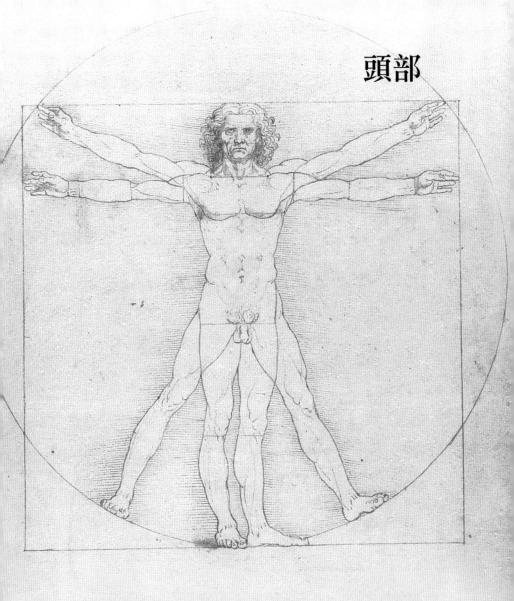

頭部

所有行為當然都是來自腦袋。大腦不論在有意識或無意識層面，都不斷地持續運作。從大腦發出的信號調節心臟、呼吸、消化以及許多其他功能——然而腦袋的外部也是極為重要。頭髮、額頭、眉毛、眼睛、鼻子、嘴唇、耳朵和下巴，都以各自的方式傳達——從我們整體的健康到情感受挫的狀態。自出生到死亡，我們希望這部分的身體能提供實用的資訊——首先身為父母，其後為朋友、工作夥伴、情人——以便向我們揭露對方心裡的想法。

1. 頭部飾品

　　頭部飾品的使用可見於各個文化，而其使用的理由也各自不同。頭飾能傳達領導地位（北美原住民族長的羽毛頭飾）、職業（一頂硬帽子或礦工帽）、社交地位（圓頂硬禮帽或聖羅蘭的藥盒帽）、嗜好（腳踏車安全帽或攀岩安全帽）、宗教（樞機主教的小瓜帽、圓頂小帽）、擁護對象（最愛的運動團體、工會）。頭飾能提供對於個人的了解：對方所屬的社會階層、擁護的對象、社會經濟狀況、相信的事物、看待自己的方式，甚至反傳統的程度。

2. 頭髮

　　頭髮長在頭頂上，傳達許多有關非言語溝通的資訊。健康的頭髮是人類所追求的——即使就潛意識的層次而言。骯髒、凌亂、掉落或沒有受到照料的頭髮，可能代表健康情形不佳甚至有精神疾病。頭髮能吸引目光，傳達誘惑、順從、抗拒或驚訝，甚至有關我們職涯的資訊；如知名的人類學家大衛・吉文斯博士（David Givens）所言，頭髮時常代表「非官方的履歷表」，透露出一個人在組織的階級。在許多文化之中，頭髮對於約會和浪漫愛情而言，有決定性的作用。人們的髮型通常跟隨文化規範以及當前的時尚潮流；如果他們忽視這些社會標準，就會顯得突出顯眼。

3. 玩弄頭髮

　　玩弄頭髮（扭轉、纏繞、輕撫）是種安撫動作。這樣的動作常見於女性身上，可能是代表好心情（當在閱讀或放鬆狀態時）或是有壓力（例如等待面試之時，或正經歷顛簸的航程）。請注意，如果手掌心朝向頭部，此動作比

較可能是安撫動作，相對於下面討論的掌心向外的姿勢。當我們感受到壓力或焦慮時，安撫動作讓我們得到心理的慰藉；他們也幫助我們消磨時光。隨著我們愈來愈年長，安撫自己的動作從吸吮拇指到咬嘴唇、咬指甲或觸摸臉龐等不一而足。

4. 玩弄頭髮（掌心向外）

當女性以掌心向外的方式玩弄頭髮，這比較像是公開展示自在——表達她們在他人面前很滿意和自信。通常我們對他人露出手腕內側的時機，只會在我們覺得很舒服或自在的時候。這常見於約會狀況，這樣的情境之下，女性玩弄著頭髮、掌心向外，同時與她感興趣的對象說話。

5. 用手指撥弄頭髮（男性）

當男性面對壓力時，他們會用手指撥弄頭髮，為了讓頭部降溫（這會讓空氣進來，使頭皮的血管降溫）。並且手指按到頭皮時，能刺激皮膚的神經。這也是代表擔憂或懷疑的動作。

6. 撩起頭髮通風（女性）

　　讓頭髮通風是種強而有力的安撫動作，能夠緩解高溫和壓力。女性讓頭髮通風的方式不同於男性。當女性焦慮、生氣、感受到壓力或心慌意亂，他們會快速地抬起頸部後方的頭髮。如果他們重複這個動作，很可能代表他們感受極大的壓力。儘管如此，我們無法忽略因為身體活動或周遭溫度引起的過熱因素。男性一般用手指撥弄頭頂的頭髮，藉此散熱通風。

7. 甩／摸頭髮

　　當我們試圖吸引潛在對象的目光，我們運用甩、摸或拉頭髮的方式表現。手的移動，就像觸摸頭髮，時常被認為具有吸引力（留意大多數頭髮相關的廣告）。我們的定向反射（orientation reflex, OR）是種提醒我們注意任何動作的原始反應，特別對手的移動有反應——魔術師就是靠著這項特點。一隻伸向頭髮的手會吸引我們的目光，甚至從房間的另一側就能注意到。順帶一提，定向反射運作深藏在潛意識階層，深沉到甚至在昏迷病患身上能見到此反

應──這類病患的眼睛還會追蹤移動動作。

8. 拔毛髮

刻意且重複拔除毛髮的習慣，稱作拔毛症（trichotillomania）。拔毛髮的動作，較常見於感受到壓力的孩童與青少年，但也偶爾在成人身上見到。男性一般會拔眉毛邊角的毛，而女性拔毛髮的範圍相當廣泛：拔睫毛、頭髮、眉毛和腋毛。這樣的動作是種壓力反應；甚至當鳥類感到壓力，也會拔除身上的羽毛。重複拔除毛髮，像是緊張抽動的動作，藉著刺激神經末端產生安撫效果；不幸地，拔毛髮的症狀變嚴重時，就必須尋求介入治療。

9. 點頭

交談之間，點頭代表肯定，通常出現在說話抑揚頓挫的時候，代表對方正在聆聽並且接受訊息。這個動作一般象徵同意，除了某些情況之外，像是點頭的同時又噘嘴（參見＃154），可能表示不同意。

10. 點頭（相反）

　　這動作通常見於小孩子身上，當父母詢問孩子：「是你打破檯燈的嗎？」孩子一邊回答：「不是。」但一邊卻點頭。這種矛盾行為洩漏事實。我在孩子、青少年甚至成人的身上都見過這種矛盾行為。

11. 輕拍頭部後方

　　當我們感到困惑或內心掙扎，時常發現自己一手輕拍自己的後腦勺，當我試著找到答案的時候，甚至可能一邊用手指向下梳理頭髮，這行為具有安撫作用，因為它會產生觸感刺激和溫暖的感覺。如同大部分手對身體的觸摸，這樣的行為具有安撫作用，因為它會減少壓力或焦慮。

12. 抓頭

　　當我們感到懷疑或覺得挫折、壓力或焦慮時，抓頭能安撫我們。人們試著回想資訊或覺得焦慮的時候，你可能在這些人身上看到這個動作。考試時，正在思考考題的學生會做出此動作，因此這也解釋了老師時常見到這個動作

的原因。速度非常快地抓頭，通常代表承受高壓或極度焦慮。

13. 輕撫頭部

除了爬梳頭髮，讓頭髮整齊之外，當人們感受到壓力，或面對困境，或思考如何回答問題，也會用手掌輕撫頭髮，以安撫自己。這其實與母親輕撫孩子的頭作用一樣，這樣的安撫行為有著立即的冷靜效果。再一次地，這項行為可能代表懷疑或衝突，特別是輕撫的部位為頭部後方的話。

14. 抓頭加上摸肚子

同時摸肚子和抓頭表示懷疑或思考，它也代表不安全或不信任。有趣的是許多靈長類動物也會做這個動作。

15. 雙手交握，放頭部後方，手肘外張

雙手交握放到頭部後方，並且手肘打開外張，這個動作稱作「擴張」（hooding），因為做此動作的人看起來像是頭部擴張呈扁平狀的眼鏡蛇——讓做動作者看起來身形

更大。這是種宣示領域的動作，我們會在覺得自在並且掌握一切的時候做這個動作。當我們做出擴張動作時，雙手交握放在頭後面，會讓人感到舒適和安慰，而手肘打開外張則是散發自信。在場有較高社會地位的人時，擴張的動作則很少出現。

16. 伸手摸頭（震驚）

感到驚嚇、不敢置信或是震驚的人們，可能會突然雙手伸向頭部，雙手靠近雙耳，但不觸摸耳朵，加上手肘向前的動作。這動作可能持續數秒，因為人們試著理解到底發生什麼事情。這樣原始、自我保護的反應，可能出現在某人做出失誤動作的時候，像是駕駛人開車撞到東西或是球員跑向不對的門線。

17. 雙手交握，放在頭上

這動作進行時通常掌心向下，這動作很明顯突出，是因為動作的目的是為了遮蓋頭部，但手肘的部分通常屈起卻打開。人們感到不知所措、陷入僵局或掙扎之中，或是遭遇災難（颶風或龍捲風過後，遭受財物損失的人們），

或是遭遇不如意的事情，在這些人的身上都能看到此動作的出現。注意手肘的位置：當情況愈來愈糟，手肘之間的距離也接近到幾近不自然的程度，好似臉前面擺了一把老虎鉗。同時也要注意施力多寡：情況愈糟，雙手下壓的力道就愈大。這動作跟「擴張」的動作不同（參見＃15），因為後者的手掌放在頭部後方，而做動作的人表現出相當有自信的模樣。

18. 拿起帽子（通風散熱）

當人們突然遭受壓力，他們可能會突然拿起帽子讓頭通風散熱。這動作通常出現在人們接收到壞消息、正在爭論之中或是激烈爭執時刻過後。從安全角度考量，注意怒氣高漲的情況（例如交通事故或是公路暴力事件），脫衣服（脫帽子、上衣或太陽眼鏡）時常出現在打架之前。

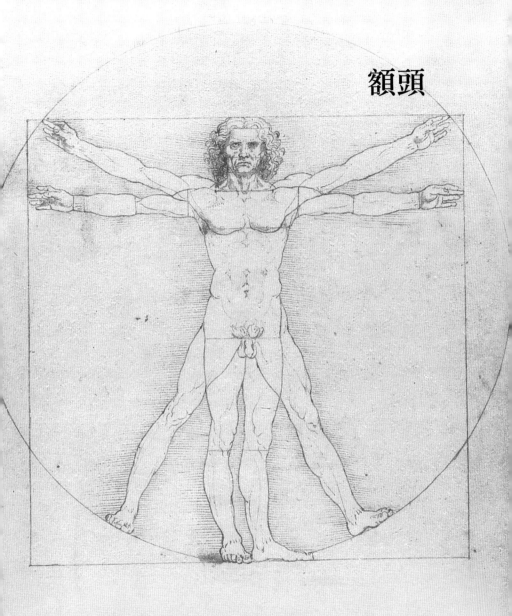

額頭

從我們還是嬰兒開始，我們就會審視額頭，尋找資訊。即使是幾個月大的嬰兒，他們對母親額頭上的皺摺有反應——認為皺摺代表負面訊息。鼻梁到髮際線之間的小範圍部位，對他人揭露我們當下的感受。這個奇特的部位，與腦部密切相連，讓我們能快速、確切以及明顯的方式傳達情感。

19. 額頭緊繃

　　在某些人身上能見到壓力出現時，額頭突然緊繃狀態，源自於額頭下方肌肉的僵硬和緊繃。根據保羅・艾克曼（Paul Ekman）博士指出，人的臉部有超過二十條個別肌肉群，能做出超過四千種不同的表情。當我們感受到壓力，特別是枕額肌（occipitofrontalis）、稜椎肌（procerus）、顳肌（temporalis）等六條肌肉能做出額頭緊繃或皺摺的動作。顯而易見的是，你必須在人們處於平靜環境的狀況下，先取得讀取對方額頭表情的基準線，但是當人們處於壓力狀態，額頭緊繃的表情很容易讓他人注意到，這表情也是代表某事不對勁的絕佳指標。

20. 皺起額頭

　　對於刺激做出反應而皺起額頭，通常代表某事不對勁、有問題或是對方沒有安全感的好指標。我們也能在人們專注於某事或試著理解某事的時候，看見此種表情。皺起額頭通常與懷疑、緊繃、焦慮或擔憂有關。請注意許多人為了美容目的，以消除額頭上的抬頭紋而使用肉毒桿菌，可能會掩蓋真實情緒。

21. 注射肉毒桿菌的額頭

　　現代的男性和女性皆會利用注射肉毒桿菌，除去額頭上的抬頭紋。這對夫妻造成問題，甚至也對於通常仰賴額頭讀取他人感受資訊的嬰兒造成阻礙。年紀小到只有四個月大的嬰兒，就會對於皺起的額頭判讀為負面的訊息。有趣的是，小孩與大人都有案例顯示，無法像之前一樣從額頭判讀父母或伴侶的情緒訊號，因為他們的父母或伴侶注射了肉毒桿菌。

22. 抬頭紋

在某些人身上，生命之中經歷的掙扎，會在他們的額頭上留下深刻的溝紋，這甚至會發生在年輕的時候。生命經歷時常會在我們的額頭上刻畫出線條、皺摺和其他凹陷。額頭能反映出一個充滿困難或壓力的生活，或是長時間在戶外太陽底下活動的生活，因為陽光會增加額頭上的紋路。

23. 額頭流汗

如果壓力程度夠大的話，有些人會不自主地流汗。每個人流汗的原因都不同。有些人大量流汗是因為喝了第一口咖啡或爬了一段樓梯，因此在貿然做出任何結論之前，請先取得此動作的基準線。基準動作就是當對方在沒有壓力，或沒有明顯受到情緒影響的時候，他們做的動作即是我們視為「正常」的動作。

24. 太陽穴浮現青筋

當人們處於壓力之下，我們的淺顳動脈（這些血管位

在頭部兩側皮膚最淺處，就在眼尾後方）可能會出現肉眼可見的跳動或搏動。這動作精準地指出，因為焦慮、憂慮、害怕、憤怒或偶爾是因為興奮的關係，自主神經受到激發。自主神經的激發，會讓大腦自動進入求生模式——因預料到即將要奔跑或打鬥等身體動作，而迫使心臟與肺部動作加速運作。

25. 按摩額頭

當我們頭痛時，當我們在消化資訊時，或當我們煩惱、憂慮、懷疑或焦慮時，一般我們會按摩額頭（真實地）。按摩額頭有著安撫效果，能幫助減輕緊繃或憂心。

26. 指向額頭

將一根手指對著額頭，或是用手指對著額頭，指頭一邊轉圈是相當侮辱對方的動作——這動作代表你認為對方知道的不多、愚笨或瘋癲。這個動作與文化緊密相關，通常在德國、瑞士和奧地利等地見到此動作，是非常侮辱人的舉動，有時也能在美國見到。此動作有侮辱人的意味，因此該避免。

額頭

27. 手平放於額頭上

手平放在額頭的動作，能幫助舒緩由壓力、懷疑或不安引起的緊繃。這不同於用手拍額頭的動作；此動作看起來好像做動作的人要將頭往後推。與許多其他的動作一般，手平放額頭的動作，透過輕壓皮膚的觸摸動作，減輕個人的心理壓力。

28. 困惑的表情

兩眼之間的部位糾結在一起，時常造成皺眉頭或眉頭深鎖。雙眼可能會瞇起來或是看向他處，有時頭會稍微斜向側邊。我們常在某人努力思考某事，或試著認真思考問題的時候，見到這樣焦慮的表情。此表情通常源自於重度的認知負荷（複雜思考或回想的動作）。

29. 用帽子覆蓋額頭

壓力或困窘，會使得人們實際用頭飾蓋住額頭（一頂帽子、遮陽帽舌或頭罩）。我們通常在孩童與青少年身上見到此動作，但有時也見於成人身上。我曾見到收到超速

罰單的駕駛人做出這個動作，這動作似乎代表人們試圖埋藏在羞恥感之中。

眉毛

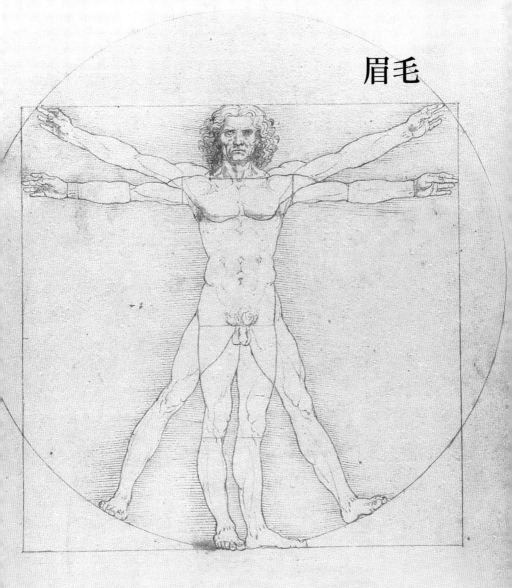

眉毛位在眼眶的眶上弧（supraorbital arch）上方的位置，有著多種類作用。眉毛保護眼睛，避免受到灰塵、光線和濕氣的傷害，但眉毛也傳達我們的感受。從我們還小的時候開始，我們仰賴眉毛，幫助判讀對方的臉部表情。在許多文化裡，眉毛是美學的代表：眉毛是需要接受修剪、塑型、拔除、上色、挑染、熱蠟除毛、設計、移除或使其變細。如同臉部其他部位，眉毛由數種肌肉控制（主要由皺眉肌 [corrugator supercilii] 控制，但也受到鼻子的鼻肌 [nasalis] 和提上唇肌 [levator labii superioris] 的控制），因此眉毛非常有表達力，而且能強烈傳達我們的感受。

30. 挑眉／快速揚眉（開心）

挑眉或快速揚眉傳達興奮感（像是問候好朋友）或認知到令人感到愉悅的事物。我們挑眉的速度少於五分之一秒。挑眉是種抗地心引力動作，因為它的動作向上揚起，如同大多數抗地心引力的動作，此動作代表的是正面訊號。當母親快速揚眉，只有幾個月大的嬰兒看到之後，小臉都亮了起來。這動作是讓其他人知道我們關心對方，並

且很開心見到他們。一個開心的揚眉動作，在每日在家與工作場合上的每種情況，都是非常有用而且力量強大。

31. 用眉毛打招呼

我們做出快速揚眉的動作，通常是我們認出熟人，但當下無法交談，或僅是認出某人在場，是否帶有笑容，則端看狀況而定。我們很快能注意到當對方沒有用同樣的行為回應我們，例如，我們進入商店，而店員一點都沒有想要跟我們眼神接觸的時候。我們能用快速揚眉的方式，讓對方知道我們對他們的重視，即使當下我們分身乏術。

32. 挑眉（緊繃）

當人們遭遇不想要的驚喜或驚嚇時，會出現此表情。此表情加上其他像是緊繃的臉龐或是緊閉的雙唇，讓我們知道對方經歷非常負面的事情。而控制眉毛的肌肉呈現緊繃狀態，這就不同於上方描述的用眉毛打招呼動作，並且此表情持續時間較長，會多個幾秒。

33. 挑眉（下巴朝向脖子）

當我們聽到某事，我們立即感到有疑問，或聽到、得知時非常驚訝的時候，我們會做出挑眉，加上嘴巴緊閉，下巴朝向脖子的動作。當我們看到令人感到尷尬的情況，我們也會做出此動作，好似在說：「我知道了，而我不太喜歡這件事。」這也是老師面對不守規矩的學生會做出的表情。

34. 不對稱的眉毛

當人們心有懷疑或感到不確定時，就會發出這個訊號。一邊的眉毛挑高，而另一邊眉毛保持原來的位置或降低。不對稱的眉毛，代表對對方保持質疑或懷疑聽到的事物。演員傑克・尼克遜以用此方法質疑他人的看法而聞名，他在鏡頭裡以及鏡頭外的世界都這樣做。

35. 眉毛聚攏／糾結

雙眼之間到鼻梁上方處稱為眉間，而當眉間聚攏或緊鎖，通常代表有問題、焦慮或厭惡。這個普遍訊號出現的

時間很短暫，因此很難察覺，但此表情能精確反映情緒。有些人聽到令人擔憂的事情，或試圖理解被告知的事情的時候，眉毛會糾結在一起。這樣的情緒能用表情符號> <代表。

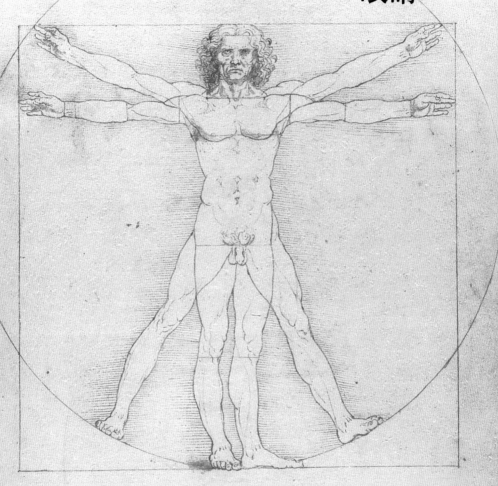

眼睛

　　眼睛是我們看見周圍世界的視覺窗口。從我們出生的那刻開始，我們用雙眼在熟悉的臉龐上、動作或新奇事物、顏色、陰影、對稱上搜尋資訊，並且總是在搜尋令人感到愉悅美麗事物。我們大腦的視覺皮層，與大腦的其他區域相比，占據大腦相當大的範圍，這個部位總是在找尋新奇事物與全新體驗。我們的眼睛能表達愛意與憐憫，也能表達恐懼與輕視。熱情或喜悅的眼睛能讓我們心情愉悅，但眼睛也能讓我們知道事情有狀況，或有擔心或憂慮的事情。眼睛能夠占據空間或在陌生人群裡表現退縮。我們裝飾雙眼以吸引目光，並且移開雙眼表示迴避。眼睛通常是我們在他人身上第一個注意到的部位，這是為什麼我們花這麼多的時間在觀看新生兒的雙眼。也許是因為我們真的是透過雙眼看進對方的靈魂。

36. 瞳孔放大

　　當我們覺得自在或是遇見喜歡的人或物，我們的瞳孔會不由自主的放大。我們無法控制此反應。當夫妻處於彼此相伴的放鬆狀態，兩人瞳孔會放大，因為眼睛試著盡可能吸收愈多的光線。這是為什麼燈光昏暗的餐廳會是很棒

的見面場所，因為昏暗燈光能讓雙眼放鬆並讓瞳孔放大
──這效果甚至會讓我們在他人面前感到更加放鬆。

37. 瞳孔縮小

當我們看見不喜歡的人、事、物或有負面情緒的時候，我們的瞳孔會縮小。瞳孔縮小的狀況比較容易在淡色眼睛上觀察到。瞳孔突然縮成針孔大小，代表某件負面事件剛發生。有趣的是我們的大腦掌管這個動作，為的是確保我們在心情難過時眼睛能專注，因為瞳孔的孔徑愈小，看得愈清楚，這是為什麼瞇眼能增進聚焦的原因。

38. 放鬆的雙眼

放鬆的眼睛代表舒適和自信。當我們處於放鬆自在的狀態，在眼睛周圍、額頭和臉頰的肌肉都會放鬆──一旦我們感受到壓力或心煩某事，以上部位的肌肉就會變得緊繃。嬰兒的表情時常表現此明顯的表情變化，因為他們在哭泣之前，臉部肌肉會突然緊縮。試圖判讀任何肢體語言行為的時候，一定要回頭查看眼睛，尋求一致性。如果眼眶（眼窩）看起來很放鬆，很有可能沒什麼事情。如果在

眼睛周圍的肌肉突然出現緊繃或是有瞇眼的動作，對方正在聚焦或可能感受到壓力。與其他臉部肌肉相比，眼睛的肌肉以及周圍的組織，對於引起焦慮的事物反應速度快得多，幾乎是能夠即刻洞察對方的心理狀態。

39. 瞇起眼窩

　　當我們感受到壓力、生氣、受到威脅或其他的負面情緒，眼眶會因皮膚下方的肌肉收縮而瞇起來。我們的大腦會立刻命令眼眶變小，以反映憂心、焦慮或懷疑，這代表有問題或某事不對勁。

40. 眼睛下方顫動

　　眼睛正下方的細小肌肉（眼輪匝肌下方部位），在顴骨上方，以及周圍的組織，對壓力非常敏感。當我們感到擔心、焦慮或害怕，這些軟組織將會顫動或抽動，顯露對方的真實情感狀態。

41. 眨眼頻率

　　眨眼頻率可能很不同，端視環境以及人們感受到的壓

力和刺激程度而定。每個人眨眼的頻率也很不同，但一般介於每分鐘十六到二十次之間，端視光線的狀況和濕度而定。盯著電腦看的人會眨眼（許多人抱怨眼睛乾燥或眼睛感染──眼淚有殺菌效果），而在塵土飛揚或花粉飄散之處工作的人，眨眼的頻率更快。但也請注意，戴隱形眼鏡的人可能會增加眨眼的頻率。當我們靠近讓我們感到興奮的對象，我們眨眼的頻率一般也會增加。

42. 頻繁眨眼

與心情平靜的人相比，感到緊張或壓力的人通常眨眼的速度更加快速。頻繁眨眼被誤認與欺騙有關聯。這只代表壓力或遭遇到上方提到的因素，因為甚至連誠實的人遭受嚴厲質問時，也會更頻繁眨眼。

43. 眼神接觸

眼神接觸受到文化規範與個人偏好所影響。在某些文化中，盯著他人看超過三到四秒是可以接受的，而在別的地方，盯著對方看超過兩秒，可能就會被視為是無禮的動作。文化也決定誰能盯著誰看。即使在美國，眼神接觸的

習慣也受到你身處的地域不同而有所差異。在紐約市，盯著他人看超過一·五秒可能被視為冒犯他人的舉動。特定的種族和文化群體有各自的規範。例如許多非裔美國人和西班牙裔的孩童，遇到長輩與之交談時，被教導說他們必須目光看向地上，這被視為尊重長者的行為。

44. 避開視線接觸

當我們不方便與他人交談，或覺得對方不討喜、粗魯無禮或打壓我們，我們則會避開與對方的視線接觸。例如在監獄中，受刑人會避開與監獄管理人或具攻擊性的受刑人的視線接觸。避開視線接觸可能是暫時或長期的狀況。暫時的情況包括對方發生令人感到尷尬的情況，我們可能將目光移到別處。然而在美國，與世界其他地方不同的是，當我們處在靠近彼此的情況，像是在電梯裡，我們通常會避開與陌生人的視線接觸，而當陌生人也在場的狀況下，我們甚至會避免與認識的人視線接觸。避開視線接觸不一定代表欺騙，但它能指出羞愧或尷尬。

45. 凝視優勢

　　研究顯示，世界各地有高度名望地位的人在談話與聆聽時，會進行更多的眼神接觸。影響力較低的人通常會與名望高的人進行更多的眼神接觸，但限於他們聆聽對方說話時，而非自己說話的時候。在日本以及其他亞洲太平洋國家之中，此動作更為明顯。附帶一提，我們一般偏愛直接與我們進行眼神接觸的人，特別是對方的名望地位較高的情況。舉例來說，來自社會地位較高的人、電影明星等人的眼神接觸，都能讓我們感覺受到偏愛。

46. 尋求視線接觸

　　當我們有興趣開啟談話，不論是在社交或約會情境之下，我們會積極巡視，直到我們看到「我在這裡──請跟我說話」的眼神接觸。

47. 凝視和情感

　　世界各地研究約會訊號的人發現，人們通常對彼此感覺改變的第一個訊號，是彼此看著對方的方式有所改變。

早在言語交談之前，滿懷關注的目光，即傳達了這段關係正從友誼轉變為更親密的關係。在電影《真善美》（*The Sound of Music*）中，茱莉・安德魯絲（飾演瑪麗亞）開始改變她注視克里斯多夫・柏麥（Christopher Plummer）（飾演馮崔普上校）的方式，或是在《樂來越愛你》（*La La Land*）中，艾瑪・史東（飾演米亞）改變注視雷恩・葛斯林（Ryan Gosling）飾演的角色（塞巴斯蒂安）的方式，這兩個例子象徵在進入言語交談之前，我們凝視對方的方式改變，反映出我們正在改變的情感。電影中是如此，而現實生活亦是如此。

48. 熱切凝視

此動作的目的，是為了得到來自對方溫暖或浪漫的關注。這個動作特別的地方，在於臉部柔和以及重複嘗試經由眼睛與眼睛的連結，總是在眼睛、臉部和嘴巴帶著一抹溫柔。我們大多在約會情況裡能看到此動作，表示讓對方知道，你對進一步的接觸或靠近感到有興趣。我看過隔著一大片空間的兩人，凝視彼此，傳達對彼此的渴望。

49. 凝視 V.S. 盯著看

凝視對方與盯著對方看很不一樣。盯著看通常是比較冷淡、疏遠或對立的，表達我們覺得對方可疑、令人起疑或古怪。另一方面來說，凝視則表達我們覺得與對方相處很舒服，是種讓人感到相當愉悅的動作。我們盯著對方看時，我們處在警覺狀態；當我們凝視對方時，我們覺得對方很有意思，甚至很歡迎對方。盯著對方看可能引起無理、冒犯感，特別在彼此距離相當靠近的空間中，像是在公車上或地鐵裡。

50. 閉眼

會議進行中，有人長時間閉上雙眼之後再睜開眼睛，或是突然閉上眼睛，然後閉上的時間比一般需要的時間還要長，這樣的動作代表有問題。這動作是種阻擋行為（blocking behavior），透露出做動作者的厭惡、焦慮、懷疑或擔憂——某種心理不適的表現。延長睜開眼睛的動作透露出深層的焦慮。相反地，在親密的環境中，閉上眼睛代表：「我信任你，我現在阻隔外在所有的其他事物，而

我此刻與其他的知覺同在。」值得注意的是，即使天生眼盲的孩童，在聽聞不喜歡或令人煩惱的事物時，也會做出蒙上眼睛的動作。

51. 為了強調而閉眼

想要強調某事或一致同意時，我們會快速地閉上眼睛，這是肯定聽到說的話的方式。跟所有的行為相同，當下的情境是確認此動作不是反應不同意的關鍵。

52. 遮蓋眼睛

突然用手或手指遮蓋眼睛，是種與負面事件相關的阻擋行為，像是得知壞消息或具威脅性的資訊。此動作也代表負面情緒、擔心或缺乏信心。你也能在被抓到做錯事的人身上看到這個動作。如同我上面所提到的，天生眼盲的孩童也會做這個動作，雖然他們無法解釋為何會做出此動作的原因；這行為顯然有古老的進化根據。

53. 閉眼，揉著鼻梁

閉上眼睛，同時揉著鼻梁的人，傳達出對對方感覺憂

慮或擔心。這同時是阻擋行為也是安撫動作，通常與負面情緒、厭惡、不安、憂慮或焦慮有關。

54. 哭泣

哭泣有著多樣的個人與社交目的，最主要提供舒緩的情緒抒發。不幸地，孩童也很快學到哭泣可以作為操控的工具，而有些成人也會以類似的方式運用哭泣。觀察人的行為時，哭泣不該被過度強調為其他的訊號，它代表此人正在經歷困難的情況。如果經常出現哭泣的情況，這也能讓我們知道，某人可能有臨床上的憂鬱症狀或精神上的掙扎。

55. 一邊哭泣，一邊抓著東西

與單純哭泣的人相比，哭泣又同時抓著脖子、項鍊或衣領的人，很可能正經歷很嚴重的負面情緒。

56. 眼睛快速移動巡視

眼睛快速地來回巡視，通常與處理負面資訊、懷疑、焦慮、恐懼或憂慮相關。連同此動作與其他資訊，像是臉

部的緊繃或縮下巴等動作（參見＃184），以做出更精確的評估。需要注意的是有些人在分析情況、考慮選擇或思考解決辦法時，會來回移動眼睛。單就這動作本身並不代表欺騙。

57. 眼睛評估信號

　　當我們正在了解想法、情緒或遇到問題，我們通常眼睛往側邊向下或上移動。這在科學文獻中被稱為雙眼共軛側邊運動（CLEM）。數十年以來一直有個迷思，就是當人們回答問題時，視線移開或往側邊轉移表示他們在說謊，這個迷思現在被超過二十個研究破除。我們只能說，當某人了解或回答問題時，視線看向某個方向，代表他們正在思考——這本身並不代表欺騙。

58. 眼皮拍動

　　眼皮突然拍動，代表有問題或對方正面對某事掙扎、對抗（像是演員休·葛蘭在遭遇問題或搞砸事情時，經常在銀幕上做出眼皮拍動的動作）。人們掙扎想找出正確的詞彙，或不相信剛聽到或見到的事情時，會出現眼皮拍動

的動作。眼皮拍動時，時常能觀察到對方懷疑的態度。

59. 指著雙眼

　　某些文化中，將食指放在眼睛的正下方的動作表示懷疑或可疑。但普遍在各個文化中，當人們在思考或質疑聽到的事物時，很多人也會做出無意識的輕抓眼睛下方的動作。當你出國旅行時，請詢問當地人此動作在當地是否有特別的意涵。在羅馬尼亞，當地人告訴我，將手指放在眼睛下方的動作，傳達意涵為：「小心，我們不信任現場在聆聽說話的人。」

60. 指著眼睛外加其他動作

　　將食指放在眼睛的正下方的動作（參見 # 59），同時加上挑眉和緊閉雙唇的動作，表示疑慮、驚訝或懷疑。如果下巴縮起而非突出的話，這樣的判讀會更準確。

61. 翻白眼

　　翻白眼傳達輕蔑、不同意或厭惡等情緒。孩童時常做出此動作，表示對父母表達論點或叛逆。但在專業場域

中，此動作是不合宜的。

62. 觸摸眼皮

　　觸摸眼皮可能會是種阻擋眼睛的形式，外加舒緩緊繃。當有人說出不該說的話，周圍的人時常會做出碰觸或輕抓闔起來的眼皮——這表示有人說出不合宜的話語。我們常常在政客身上看到此動作——當某政客說錯話，而另一位政客注意到的時候。

63. 疲勞的眼睛

　　疲勞通常首先表現在眼睛。眼睛和眼睛周圍看起來很緊繃、浮腫、皺摺，甚至是沒血色。出現這樣的症狀，可能是因為長時間工作，以及外部因素，包括壓力或哭泣。

64. 眼睛看向遠方的表情

　　獨處時，甚至在與他人對話時，盯著遠方看，避開分散注意力的事物，這樣的動作讓某些人能夠更有效地思考或沉思。當某人正在沉思或回想時，出現這樣的動作可能代表不要打擾對方的訊號。

65. 呆滯的眼睛

許多物品都會讓眼睛看起來呆滯，包括大麻等毒品與酒精，以及其他更危險的物質。當試圖評估對方是否受毒品或酒精的影響時，觀察者必須納入其他行為一同考量，像是說話口齒不清或是反應速度變慢等。

66. 斜睨

斜睨（側邊）時常用來表示人們的疑慮、不願意投入、漠視、懷疑，甚至輕視，這是種反映不相信、憂慮或懷疑的共通表情。

67. 眼睛看向天花板或天空

當突然發生看似不可能發生的事情，或是某人遭遇一連串不幸的事件時，常常會看到出現頭向後仰、看向天空的戲劇化表情動作。在運動賽事中會看到此動作，像是在高爾夫球選手揮桿卻錯過目標的時候。這表情代表不敢置信，好似懇求位於高位者，像是天上的神，幫助或憐憫我們。這動作有某種實用性——壓力引起脖子緊繃，而這個

動作能藉著延伸胸鎖乳突肌（sternocleidomastoid muscle）幫助舒緩緊繃。

68. 尋求接納

當人們缺乏信心或說謊，他們通常會巡視聽眾，檢視聽眾的臉龐，查看他們是否被說服。這個動作不一定是欺騙，而是尋求所說的話能被接納。經驗法則：講實話的人只是表達陳述，而說謊者則嘗試說服對方。

69. 眼睛往下看

不同於避開視線接觸的動作，此動作不打斷視線接觸，而是稍微將眼睛視線往下移，讓視線接觸不要如此直接或熱切，以表達尊敬、虔敬、謙恭或悔悟。這常常與文化背景有關，而我們常在孩子身上看到，因為這些孩子被教導受到責罵時，不能回望長者或權威人士。非裔人與拉丁裔的孩童，時常被教導向下看是表達尊敬的方式，這樣的動作在任何情況之下都不該與試圖欺騙混為一談。在日本，第一次見到對方，卻熱切地盯著對方看是很無禮的動作；出於社交尊重的緣故，最少得要眼睛向下看。

70. 悲傷的眼睛

當眼皮下垂並且看起來沒有精神,眼睛就會看起來很悲傷、沮喪或抑鬱,這樣的表情可能和因疲勞而眼皮下垂的表情相似。

71. 移開視線

交談時移開視線的意義必須視情境而定。情境帶有心理自在感,像是與朋友談天,我們可能在講故事或回想起從前某事時,覺得夠放鬆而移開視線。許多人覺得移開視線幫助他們回想細節。移開視線不一定表示欺騙或說謊。

72. 長時間直視

對話之中,靜默常常伴隨著長時間的直視,視線的目標可能是人或遠方的事物;此動作僅代表此人在沉思或消化資訊。

73. 瞇起眼睛看

瞇起眼睛看很明顯表達不悅或擔心,特別是當我們聽到或見到不喜歡的事物。有些人聽到煩人的事情,會瞇起

眼睛看，讓這個動作準確反應出他們的情緒。但請記得當我們專注在某物或試圖理解我們聽到的某事時，我們也會瞇起眼睛看，因此判讀此動作時，情境是關鍵。

74. 瞇起眼睛看（稍微）

當我們正努力壓抑怒氣時，我們常常會將眼皮垂下，稍微瞇起眼睛。這個動作（眼睛縮為狹縫）必定要與其他的動作一同列入考量，像是臉部的緊繃度，或極端的情況下握緊拳頭的動作等。

75. 挑釁地盯著看

盯著看意謂著威嚇，或發生口角的前奏。像雷射一般地盯著他人看，不移開視線甚至眨眼，則傳達挑釁的意味。有趣的是其他的靈長類動作，在看到出現不被容許的動作，或即將有肢體衝突的時候，也會做出此動作。

76. 憤怒的眼睛

憤怒通常藉由一連串的臉部訊號表達，開始從鼻子附近的眼睛肌肉明顯緊縮（像是：＞＜），加上皺起鼻子或

張大鼻孔，有時還有嘴唇翻起露出咬緊的牙齒。

77. 張大眼睛（呆滯）

眼睛保持張大，通常表示壓力、驚訝、恐懼或一件重大的問題。如果眼睛保持呆滯張大的時間超過一般正常的狀況，這代表某事必定有狀況。這表情通常是由外部刺激引起的。

78. 眼睛的裝飾

從埃及金字塔的時代開始，世界各地的男女都會用不同種類的顏色替眼睛裝飾（眼皮、眼下、眼睛兩旁等等），讓眼睛更富有美感吸引力。人們運用墨水、染料、礦物和油裝飾眼睛周圍，這成為文化傳統的一部分，並且因為一個理由而能傳承至現今社會：這樣做有效用。我們深受眼睛所吸引，特別是以顏色裝飾的眼睛。我們也深受濃厚的長睫毛所吸引──這也是大多數女性以及一些男性，為了讓自己更顯得吸引人而強調的部位。

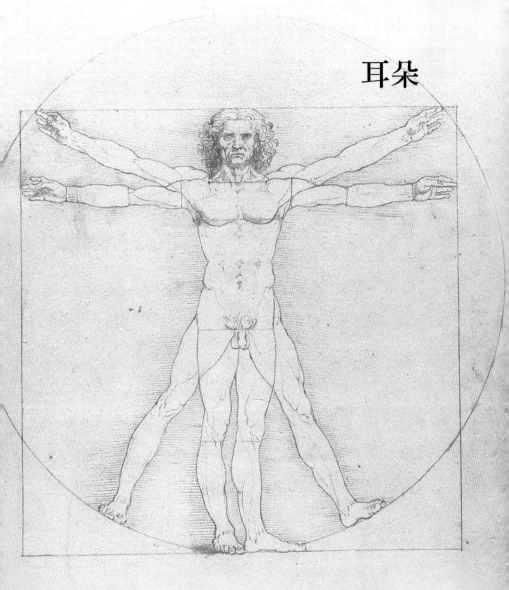

耳朵

　　可愛的耳朵、小耳朵、下垂的耳朵、變形的耳朵、大
耳朵、穿洞的耳朵、有裝飾的耳朵。我們的耳朵顯眼突出
──有時是本身的位置就相當突出──並且提供顯著的實
用功能，從透過聲波收集訊息到幫助散熱等皆是。但耳朵
有一些你可能沒想過的其他應用，像是提供重要的非言語
溝通。我們從研究中知道，在一段關係的初期，情人們會
花時間研究彼此的耳朵──耳朵的形狀、耳朵的溫度、對
觸摸甚至情緒的反應。耳朵傳達出的訊息，遠多過我們能
想像的，並且以相當令人驚訝的方式呈現。

79. 拉或按摩耳垂

　　當我們承受壓力或只是在沉思時，拉或按摩耳垂一般
有著微妙的安撫效果。我也認為搓耳垂的動作與懷疑、遲
疑或權衡選擇有關。在某些文化中，揉搓耳垂的動作，代
表此人有所保留或對於聽到的資訊感到不確定。演員亨弗
萊‧鮑嘉以此動作聞名：他思考問題時，會一邊玩著耳
垂。

80. 耳朵發紅或漲紅

耳朵皮膚突然明顯的發紅，如同其他身體部位（臉、脖子），可能因為憤怒、尷尬、荷爾蒙的改變、對藥物的反應，或由恐懼或焦慮引起的自主神經刺激。覆蓋耳朵的皮膚顏色變成粉色、紅色或略帶紫色。耳朵皮膚摸起來也可能發熱。可能因為個人空間遭受侵犯，單這個原因就可能引起此反應。大多數的人無法控制皮膚漲紅（充血）的反應，對某些人而言，會對這樣的情況感到很尷尬。

81. 耳朵貼近對方

讓耳朵轉向或將耳朵靠近說話者的動作，代表我們熱切想聆聽對方說的話、我們希望某資訊重複，或我們聽不太清楚。以上的動作可能接著以彎曲手指成碗狀貼在耳後的動作，以求能確實收集更多聲音資訊。約會的時候，特別當耳朵方向是朝向該對象的方位，我們會讓喜歡及親密的對象靠近我們的耳朵。

82. 聆聽

　　在專業與個人場域而言，積極聆聽都是很重要的非言語溝通方式。此動作傳達我們很感興趣、樂於接受或充滿同理心。善於聆聽的人讓出說話的機會，等待講話的時機，並且耐心聆聽對方說話。想要成為善於聆聽者，我們要確認身體正對我們有興趣聆聽的對象，因此我們的雙耳能接收訊息。

83. 耳朵裝飾

　　為了符合文化規範，有無數種運用裝飾、毀傷、穿洞、上色、填塞，或改變耳朵原本樣貌的方式。耳朵的裝飾大多有其文化特定性以及清楚目的——傳達社會地位、單身與否或群體認同。耳朵的裝飾，時常能精確洞察一個人的背景、職業、社會地位、傳承文化或個性。

84. 有傷疤的耳朵

　　高溫、化學物或嚴重外傷，都會造成耳朵軟骨組織的傷害。橄欖球員、摔跤運動員和柔道選手的耳朵都很容

易受傷，而受傷的耳朵被暱稱為「花椰菜耳」（cauliflower ears）。

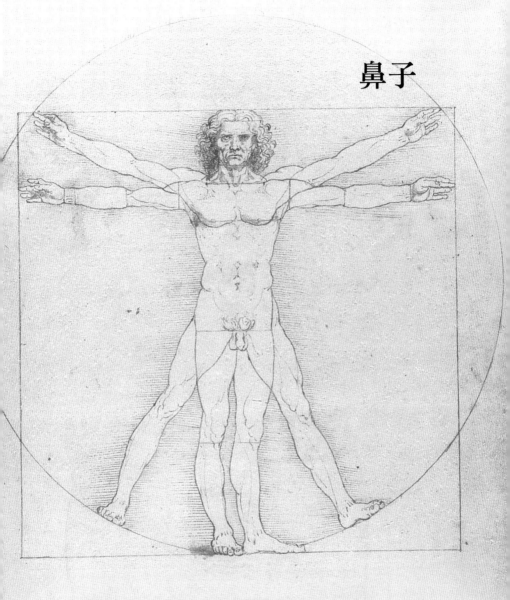

鼻子

　　所有哺乳類動物出生後，就會用鼻子找尋母親的乳汁，讓自己得以存活。隨著人類的年紀愈大，鼻子持續幫助我們找到喜愛的食物，並警告食物腐爛了或是會造成傷害我們的氣味，以維護我們的安全，鼻子同時也幫助過濾進入肺部的空氣。談到浪漫與親密關係，我們的鼻子能注意到其他人的費洛蒙，讓我們彼此靠近，同時也幫助我們無意中決定我們是否喜歡此人。我們可能會因為文化訊號的關係，而將鼻子穿洞或做造型，或讓鼻子變窄、變寬、變得較不彎曲或變小。覆蓋鼻子以及鼻子周圍的肌肉非常敏感，當聞到我們不喜歡的味道，鼻子的肌肉立刻收縮，讓我們皺起鼻子，表達厭惡。鼻子幫助我們區別彼此的體味，保護我們不受化學物質和細菌的傷害，而且接下來你會發覺，鼻子對彼此的溝通和了解扮演不可或缺的地位。

85. 用雙手蓋住鼻子

　　突然用雙手蓋住口鼻，與驚嚇、驚訝、不安、恐懼、懷疑或擔憂有關。悲劇事件發生時，像是車禍和自然災害，以及當聽到可怕的消息等情況，我們都可以見到這個動作的出現。演化心理學家揣測我們會採取這動作，是因

為做出這動作時，獅子或鬣狗等掠食者就聽不到我們的呼吸聲。各地皆可見到此動作。

86. 向上皺起鼻子（厭惡）

厭惡的信號或訊號，通常包含了向上皺起鼻子的動作（也稱作「兔子鼻子」〔"bunny nose"〕），也就是皮膚與底下的肌肉（鼻肌〔nasalis〕）一同收縮，鼻肌對於負面情緒非常敏感。此動作時常牽引著靠近鼻子的眼頭部位一同收縮。嬰兒從三個月大開始聞到不喜歡的氣味時會皺起鼻子，有些嬰兒甚至更早。這個厭惡訊號會跟著我們一輩子。當我們聞到、聽到，甚至只是看到我們不喜歡的東西，鼻肌會不自主地收縮，顯露我們真實的情緒。

87. 皺起單邊鼻子

如同上面所說，皺起鼻子或向上折皺的動作，明確地代表厭惡或不愉快，並且通常是鼻子兩側一起動作。然而，在某些人身上，此動作只會出現在鼻子的某一側（單側）。隨著鼻子的肌肉向上移動，皺起一邊的鼻子，一般也會牽動該側的嘴唇上唇一同上揚。某些人稱這個動作為

艾維斯效應（Elvis effect）。當某一側的鼻肌明顯上揚，此動作與皺起鼻子兩側代表相同意義──厭惡感。

88. 鼻子抽動（加勒比海地區的人）

　　此動作與上方展示厭惡感的動作（參見＃86）有些類似，但動作進行的速度更快，有時出現的時間只有二十五分之一秒。當對方直視某人，而此人的鼻子肌肉快速收縮，向上皺起鼻子──但是不同於上方的厭惡訊號動作，此動作進行的同時，並沒有瞇起眼睛。此動作是種語言捷徑，代表無聲地詢問：「怎麼了？」、「發生什麼事？」和「你需要什麼？」這普遍見於加勒比海地區，像是古巴、波多黎各和多明尼加共和國等地方，並且在擁有廣大加勒比海移民的美國城市，像是邁阿密和紐約，也能看到這個動作的出現。在邁阿密國際機場的咖啡吧檯前，我時常接收到鼻子抽動當作打招呼的動作，代表對方表達「你想點些什麼呢？」如果你看到此動作，就請點餐吧。

89. 食指指向鼻子

　　將食指放在鼻子下方或鼻子側邊一段時間，有時候與

憂心或憂慮有關。請你尋找其他的訊號以辨別此動作的意義。不同於輕觸鼻子（參見＃95）或輕撫鼻子，做此動作時，手停留在鼻子附近的時間很長。

90. 輕碰鼻子

輕輕地用食指碰觸鼻子數次的動作很特別，此動作通常與壓力或心裡不自在有關，雖然人們在沉思可疑或有問題的事情時也會出現此動作。

91. 頭後仰鼻頭抬高

抬高鼻頭的動作──故意向後仰頭，抬高鼻頭──代表自信、優越、高傲，甚至是憤怒。此動作是種文化展現，因此出現在某些國家與社會的頻率高過於其他地方。義大利獨裁者墨索里尼就是以此動作聞名，法國戴高樂將軍也是。克林姆林宮的儀隊守衛，也以做出抬高鼻孔的動作聞名。

92. 輕敲鼻子／示意

許多文化中，公開的用食指輕敲鼻子，可能代表「這

很臭」、「我不信任你」、「我對此提出質疑」或「我正非常仔細地盯著你」。此動作也代表「我注意到你」或「我支持你」（保羅・紐曼與勞勃・瑞福在電影《刺激》（*The Sting*）中，對著對方做這個動作）。

93. 張大鼻孔

我們在準備進行身體動作時，通常會張大鼻孔（鼻翼）。人們在身處於憤怒情緒，覺得要起身離開或跑出去，或者覺得即將要做出激烈發洩動作的時候，呼吸時鼻孔會張大。在警察工作中，此動作代表此人即將逃跑。在人際交往之間，這動作代表此人需要一些時間冷靜。

94. 觸摸人中

位於上唇上方、鼻子下方的凹下溝槽處稱為人中。當人們感受到壓力，即會做出拉扯、抓或拉長人中的動作——有時相當用力。人中也會以其他的方式透露人們的情緒——當人們感受到壓力，汗珠會聚集在人中處。人們也可能會將舌頭放在牙齒與人中下方的上唇之間，並將舌頭向外頂。用舌頭刺激此處，是很容易見到的安撫動作。

95. 輕摸鼻子

　　輕摸鼻子是藉著不斷地用食指輕輕摩擦鼻子，有著安撫觸摸的作用，代表隱藏的緊繃感以及表達一切都沒問題的需求。請在習慣控制場面但仍是承受壓力的專業人士身上，找尋此動作。此動作也常在試圖隱藏手上的牌並不好的撲克牌玩家身上看到。

96. 用鼻子快速吸氣

　　許多人在即將傳達不好或不愉快消息的時候，會用鼻子快速吸氣，吸氣的聲音甚至大到足以讓人聽到，接著才開口說話。我也見過人們聽到令人煩惱的問題時，或是要說謊之前，做出此動作。鼻子裡的纖毛與神經，對於濕度、空氣流動與觸摸都非常敏感。快速的吸氣會刺激纖毛與連接的神經末端，這樣似乎能短暫減緩必須要說出或揭露麻煩事物的壓力。

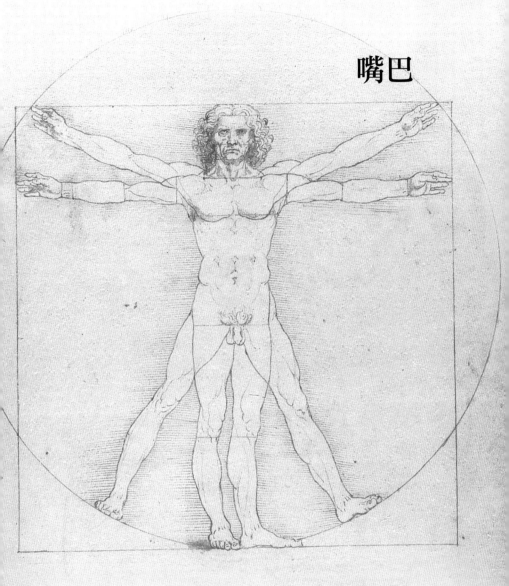

嘴巴

進食、呼吸與喝水等動作都需要嘴巴，當然嘴巴也是我們組成詞彙與唸出詞彙發音的部位。嘴巴對於觸摸與溫度極為敏感，周圍有十幾條複雜的反射肌肉環繞，這些肌肉不僅對於觸摸有反應，也反映了我們的想法和情緒。嘴巴可以表現挑逗或難過、喜悅或痛苦——並且它能瞬間精確表達情緒的改變。在我們觀察眼睛尋找資訊之後，接著我們應該觀察嘴巴，尋找對方心中想法的額外訊號。

97. 短促、大聲吐氣

　　嘴唇稍微打開吐氣，這類型的吐氣代表沉重壓力或挫折。聽到壞消息或遇到艱困情況時，人們會做出此動作。特別是我們很生氣的時候，此動作能幫助舒緩壓力。

98. 舒緩吐氣

　　一邊鼓起雙頰，嘴唇緊繃，然後一邊吐氣的動作，代表正感受壓力或壓力事件已過去。當考試或面試結束，或者幾乎要發生意外事件之後，你可能會看到出現此動作。這種吐氣聲非常明顯，與前項吐氣動作相比，此動作吐氣的時間較長。

99. 肯定式吸氣

　　突然大聲吸氣會發出獨特的聲音，而這樣的聲音在斯堪地那維亞地區的國家、英國部分地區和愛爾蘭等地，代表「是的」或「沒錯，我同意」。不需要任何語言，因此是種語言捷徑（language shortcut）。此人快速吸氣，聲音大到聽起來像是上氣不接下氣一般。有次我在瑞典搭車時，我問司機是否已抵達目的地，司機就只是做出肯定式吸氣動作──而且就只有這樣。

100. 用嘴角吸氣

　　此動作可以見到也能聽到。嘴角突然稍微打開，並快速吸入空氣，發出吸氣的聲音。此動作相當可靠，其透露出的情緒：恐懼、擔憂或焦慮。嘴唇大部分是闔起的狀態，代表此人實質上限制了嘴唇的自由移動，此動作代表壓力，或在某些情況中代表痛苦，例如有人冒犯到你。

101. 暫停呼吸

　　測謊員很了解此動作：當承受壓力時，許多人為了

試圖控制緊張的呼吸，因此突然想暫停呼吸。他們常常需要被提醒要呼吸。暫停呼吸是屬於靜止、逃走、戰鬥（freeze, flight, fight）反應的一部分。如果你看到某人受到詢問後控制呼吸或暫停呼吸，最有可能的是對方正感受到恐懼或憂慮。

102. 嘴唇乾燥

壓力、恐懼和憂慮，可能會造成嘴唇乾燥（臨床名稱為口乾症〔xerostomia〕）。有些處方籤藥物和違禁藥物也可能引起嘴唇乾燥。有些人認為嘴唇乾燥代表欺騙，但其實不然，此症狀代表此人壓力很大或感到焦慮。

103. 口水泡沫球

壓力、藥物或疾病引起的嘴唇乾燥，可能會造成口水變得乾燥以及凝結成塊；這些口水泡沫球──它們時常看起來像小棉花球──通常會聚集在嘴角。口水泡沫球常出現在緊張的講者身上。這會讓人分心。如果你很緊張，養成輕捏並擦拭嘴角的好習慣，避免出現口水泡沫球，並且要喝水。

104. 嚼口香糖

嚼口香糖是種相當有效的安撫動作。用力咀嚼可能代表憂慮或焦慮。有些人在遇到壓力時，即使嘴巴裡沒有口香糖，還是會習慣性地做出快速咀嚼的動作。

105. 非自主性發聲

突然發出噪音、卡嗒、吱喳叫或清喉嚨等聲音，都該懷疑是否為妥瑞氏症（Tourette's syndrome, TS），或是其他失調症狀所引起的非自主性發聲。壓力與焦慮可能是引起妥瑞氏症爆發的催化劑，我們無法提供什麼幫助，但要了解這樣的症狀不是妥瑞氏症患者能控制的。常見的症狀也包括雙臂不規則的揮動。我們最多能做的是，鼓勵他人不要盯著妥瑞氏症患者看，因為這樣的症狀也會讓患者覺得不好意思。

106. 咬／咀嚼舌頭

有些人承受壓力時會習慣咬舌頭或咬臉頰內側，以舒緩緊張不安感。對於緊張就不由自主地做出此動作的人來

說，症狀是相當明顯的。他們的舌頭通常看起來帶有傷口，甚至舌頭各處都有潰瘍傷口。承受壓力時，此症狀會加劇。不幸地，咬舌頭或臉頰內側如同重複拔頭髮的動作一樣，很可能變成病態動作。

107. 咧嘴

當我們覺得害怕或意識到自己犯了錯，常常會發現自己不自主地大幅度往兩側向下咧開嘴角，露出下排咬緊的牙齒。此動作時常出現在我們被提醒忘了帶重要物品的時候。

108. 打哈欠

打哈欠是極佳的安撫動作，因為它能藉著刺激下巴的神經，舒緩被壓抑的壓力；特別是顳顎關節的部分。最近研究發現，當我們打哈欠時快速吸入的空氣有助於嘴巴上顎中循環血液降溫，就像車子的水箱一樣，降溫的血液則流向大腦。打哈欠代表某人感覺太熱或承受極大的壓力，如同我在面試中常見到面試者一般。包裹太溫暖的嬰兒也會頻繁打哈欠，因為睡眠能幫助嬰兒降溫。

109. 抽菸

　　抽菸的人遇到壓力時，他們會比平常抽更多菸。請注意對方當下的動作與平常的習慣動作有任何不同之處，這些不同處證明了對方目前承受的壓力程度。他們壓力可能大到忘記到底抽了幾支菸。抽了過多的菸也會讓手指沾上香菸斑，當然還有手帶著香菸味。

110. 大吃大喝

　　承受壓力時，有些人會大吃大喝，有時遠超過平常的食物攝取量。我曾在美式足球比賽中，看到有人吃下大量食物，吃到幾乎要吐出來，這些人對於自己喜愛隊伍的比賽狀況感到焦慮，因此將焦慮轉移到胃口上。

111. 舌頭頂著臉頰

　　將舌頭用力頂著一邊臉頰，保持不動的動作能夠舒緩緊張。這動作常在面對高度壓力的人或隱藏資訊的人，或做錯事但沒被發現的人身上見到，此動作也能在頑皮搗蛋或喜愛捉弄他人的人身上見到。

112. 吐舌頭

　　忽然伸出舌頭在門牙之間，有時沒有碰觸到嘴唇，此動作的意思是「我做錯事而沒被抓到」，或「糟了，我被抓到了」。你也會在發現自己犯錯的人身上看到此動作。吐舌頭的動作，在各地普遍可見並有驚人的一致性，此動作代表你全身而退——不論方法是用討價還價或額外的餅乾、較高的成績或是唬人謊言。

113. 侮辱人的舌頭動作

　　幾乎在所有的文化中，伸出舌頭都被當作侮辱，表示反感或厭惡。年紀還小的孩童想要侮辱他人時，就會使用這動作。例如毛利人等太平洋島嶼的戰士會戲劇化地伸長舌頭，作為威嚇與侮辱對手的方式。伸長的舌頭加上瞪大的雙眼，這樣的動作會相當嚇人，而且現今還能在毛利人的哈卡舞蹈（haka ceremonies）上看到。

114. 伸長舌頭

　　人們常常在進行複雜任務時會伸長舌頭，通常舌頭會

偏向某側，或是放在下唇上方。我的會計師在計算機上輸入數字時會做這樣的動作，而且在大學裡進行考試時，我也看過學生做此動作很多次。這樣放置舌頭的動作有雙重目的：它提供安撫自己的作用，同時也告訴他人，我們當下很忙，不要打擾我們。麥可‧喬丹在打籃球時以做這個動作聞名，當他伸長舌頭時，通常接下來就會進球。

115. 舌頭頂住上顎

　　人們在奮鬥努力進行某事時，可能會將舌頭頂住上顎。我們能在參加考試、填寫申請表、籃球比賽中投籃落空的人，或某人需要心理慰藉時，看到此動作的出現。做動作時，左側嘴巴通常會稍微打開，讓觀察者至少能看到部分的舌頭。

116. 舌頭舔牙齒

　　跟舔嘴唇（參見＃145）的動作相同，當嘴巴乾燥時，我們會舔牙齒——嘴巴乾燥的原因，通常是因為緊張、焦慮或恐懼。舌頭摩擦牙齒和／或牙齦的動作，是種常見減緩壓力的方式，同時也可能是脫水的訊號。順帶一

提，當做此動作時嘴巴闔上，你能看到舌頭在嘴唇下方沿著牙齒移動的樣子。

117. 快速移動舌頭

緊張或擔心期待時，有些人為了舒緩壓力，舌頭會在嘴巴內快速地從一側移動到另一側來回移動（透過臉頰就能明顯看到）。他們通常覺得不會被注意到，或是這動作的意義無法被判讀。

118. 舌頭輕撫牙齒咬合面

用舌頭輕撫牙齒的咬合面能舒緩壓力。重複做此動作的人試圖安撫自己，因為他們對於某事感到焦慮不安。但是請記住，跟所有重複出現的動作都一樣，如果有人總是做這個動作，而你因為這是對方的「正常行為」而忽視之——那麼當對方不再進行此動作時，其意義更為重要。

119. 齜牙咧嘴

人們有時會突然將嘴巴咧開，保持這個姿勢的同時也露出咬緊的牙齒。這是傳說的「恐懼咧嘴笑」，當黑猩猩

感到恐懼或害怕居統治地位的雄性黑猩猩時，也會做出這個表情。人類通常在被抓到做了不該做的事情時，會以這樣的方式露出牙齒。視情況而定，但這個動作可能同時加上挑眉。

120. 輕敲牙齒

有些人可能在承受壓力、覺得無聊或挫折的時候，稍微移動下顎，運用偏愛的某側上下犬齒開合輕敲。此動作能傳送幫助安撫自我的訊號給大腦。

121. 語調

我們的語調能讓對方覺得舒服，或讓對方覺得我們在挑戰他們。我們能夠用聲音語調，改變或加強對方看待我們的方式。你可以表現和善、甜美、仁慈、可愛與知識淵博，皆視你的語調而定，或者也能表現懷疑、憤慨或傲慢。聲音語調著實重要。諷刺地，如果你想要引起他人的注意，降低語調是最有效的方式。低沉的語調具有安撫的效果，任何曾經哄睡孩子的家長都能證實這點。

122. 音調

當我們覺得緊張，我們的聲音音調通常會揚升。當人們感受到壓力、緊張或沒自信，仔細聽他們的聲音可能會揚升或分叉，這是因為聲帶緊繃的關係所引起。

123. 說話句尾語調上揚

句尾語調上揚，即是人們在陳述句句尾改變語調，讓句子聽起來像疑問句。研究顯示，即使在電話中僅出現一次句尾語調上揚，就能影響聆聽者對說話者產生負面印象。雖然年輕人很喜歡用句尾語調上揚的方式說話，但這樣的說話方式聽起來不確定而且缺乏自信。

124. 結巴／口吃

有些人會無法控制地結巴（當他們試著要說話，卻一直重複音節），對某些人而言，結巴令人心神耗弱，如同科林・佛斯在二〇一〇年於《王者之聲：宣戰時刻》（*The King's Speech*）所扮演的英王喬治六世一般。對於原本不會結巴的人而言，重度壓力或焦慮，可能會造成我們暫時結巴或口吃。

125. 延遲回答

　　許多人誤認，延遲回答代表對方在說謊或是拖延時間編造可信的答案。不幸地，誠實的人與說謊的人皆會延遲回答，但理由不同。犯錯的人事實上可能需要思考該說什麼，而清白的人可能會思考該如何說才是最好的。就我的經驗來說，我們應該要留意延遲回答，但這不一定代表欺騙。在某些文化中——例如美洲原住民——延遲回答時常出現，因為對方需要思考問題的複雜性與細節。壓力或疲勞也可能使我們回答的速度變慢。正式調查也可能因為公聽會的嚴肅性而使我們延遲回答。

126. 沉默

　　冗長的沉默，甚至只是「意味深長的沉默」（"pregnant pause"）可能說的更多。有時我們想不起資訊，或我們正在沉思某事，這樣的沉默是非刻意的。但其他時候，沉默是非常刻意的動作，如同談判者可能暫時沉默，為了讓另一方去填滿沉默的空檔。沉默可以被用為表達此人正在沉思、回想、考慮、消化資訊或感到不知所措。偉大的演員有效運用沉默，而面試官也是。

127. 沉默並暫停回應

當人們突然沉默，停止動作，或一聽到或看到某事就改變呼吸，你就該注意。這是對於負面事件的反應，此事件讓他們感到震驚，或讓他們重新評估所知或所相信的事物。

128. 用爭辯插話

出聲爭辯只為了打斷會議或對話，這是阻止進一步討論時常常用到的技巧。重複地打斷動作，在這裡的目的是用來打岔或激化彼此對立的肢體動作，而非使用的詞彙。此技巧並沒有辦法使談話更深入或釐清任何事，而只是為了激化對立、威嚇或讓對方情緒「崩潰」。我在工會會議上，看過許多次工會成員打斷講者的狀況。

129. 抒發的語氣詞

用抒發方式吐氣之際，我們幾乎要說出一個詞彙但最後仍沒有說出來。發出「喔喔」、「嗚嗚」、「呼呼」的聲音，但卻沒有完整出現。這些語氣詞被視為肢體動作，因為並沒有說出實際的詞彙，雖然我們能憑直覺知道它們的

意義。特別對外國人來說，這些語氣詞時常沒有意義，但這些語氣詞幫助我們舒緩壓力而不會冒犯別人。

130. 說話的速度

　　我們說話的速度是關鍵的肢體指標。在美國某些地方，人們說話的速度刻意放慢，而在另一個地方的人說話則是既快速又急促。這些說話風格傳達了說話者的個性——他們來自於何地、他們在何處受教育與其他相關資訊等等。改變平常說話速度，可能代表壓力或不願意回答敏感的問題。

131. 不停地說話

　　我們都有遇過好像不停說話的人。他們可能只是緊張或不在意他人而只注意自己。情境是關鍵。人們在意外發生之後的一段時間，可能會有語無倫次、不停地說話的狀況，這是因為驚嚇所引起的。但是在派對上，對著你耳朵喋喋不休的男人，只是想讓你知道他認為最重要的是誰——而那不是你。

132. 說話前後不一致

　　人們遭遇意外或悲劇事件之後，可能說話會前後不一致。這是因為壓力與大腦中掌控情緒的部位，受到過度刺激所造成。視事件或悲劇的情況而定，這可能持續數小時，甚至數天，我們在交戰區的士兵和難民身上都看過此情況。

133. 重複的詞彙

　　處在高壓狀態的人們，可能無意義地一再重複某些詞彙。你努力想讓對方再說多一點，可能徒勞無功。他們好似卡在某種循環之中。我曾聽過遭受車子撞傷的傷者，臉上帶著驚恐表情，一再重複說著「金屬」這個詞彙，那就是她唯一能說的話。

134. 回覆的速度

　　有些人會慢慢回答問題，先開始然後暫停，接著再繼續。其他人則是在問題還沒說完前就先回應。回答問題的速度，可能可以告訴我們對方的思考以及處理資訊的方

式。請注意回覆的速度，端看文化背景以及思想敏捷度而定。

135. 快速評論

回答問題時，速度快不一定是好事。當對方快速地道歉，道歉就失去了它的意義——它會顯得機械化且不自然。同樣的原則也適用於讚美或歡迎人家。我們在這些時刻應該要慢下來。快速地道歉或讚賞對方，表示存在某些問題，像是社交焦慮、勉強或缺乏堅定。此處的非言語即是說話的速度——好似迅速看了一眼重要的東西。

136. 填補詞

像是「啊」、「嗯」、咳嗽聲或清喉嚨的聲音，以及說話時顯得遲疑時，代表對方暫時想不出該說什麼話，並覺得必須至少用一個聲音來填補空白。美國人以使用填補詞聞名，特別當他們在思考該說什麼話、努力找出正確的詞彙，或是一邊拖時間、一邊回想某次經驗的時候。因為這些詞彙都不是真正的字，它們都被視為是周邊語言或非言語的一部分。

137. 咳嗽或清喉嚨

人們時常在回答或處理困難問題時，咳嗽或清喉嚨。回答深具挑戰性或需要釐清的問題，可能會引起清喉嚨的動作。我注意到有些人在說謊的時候會清喉嚨或咳嗽，但這不一定是可靠的欺騙指標，因為誠實的人可能在緊張或緊繃時也做出這類動作。

138. 緊張地吹口哨

吹口哨是種舒緩吐氣（參見＃98），它會幫助我們舒緩壓力。此動作有相當好的安撫效果，這也是為什麼人們在單獨穿越黑暗或荒涼區域時，或是覺得孤獨不自在的時候，會吹口哨的原因。在電影和卡通裡，人物或角色常常在走過墓地時被刻畫成吹著口哨、阻絕擔憂的模樣。

139. 嘖嘖聲

許多社會中，舌頭與牙齒製造出來的聲音代表不同意，引起對某些不對的事情注意，或是讓對方感到羞恥。其中一種嘖嘖聲源自於將舌頭放在門牙後方與上顎之間，

接著快速吸氣，製造出短促、尖銳的聲音。此動作時常與一邊揮動手指一起，表示發生踰矩的行為，而且已經受到關注。父母經常在孩子即將做出搗亂行為時，發出嘖嘖聲。

140. 笑聲

笑聲是展示愉悅、快樂和喜悅共通的動作。我們知道微笑時代表我們體驗較少的壓力，甚至是較少的痛苦；事實上，笑的動作可能有其演化的保護效果。笑聲有很多不同種類：聽到非常好笑的笑話時放肆嘎嘎大笑；孩童歡樂的笑；試圖討好領導者的諂媚笑聲。人們笑的方式帶有許多意義，而當你不確定該如何判讀時，必須要將其放在當下的情緒和情境之中深入檢視。

嘴唇

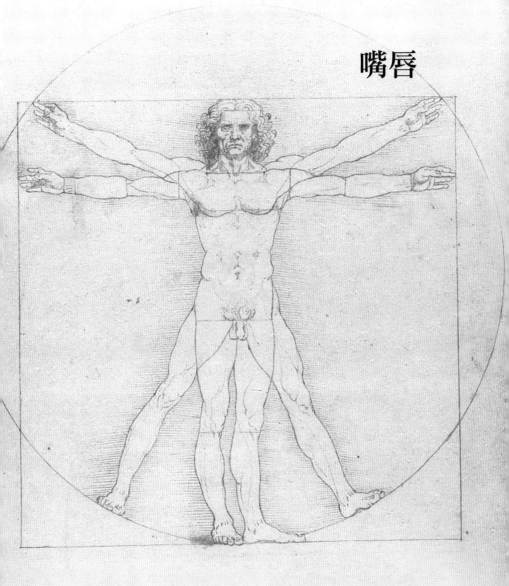

　　我們自拍時會對著智慧型手機嘟嘴，還會塗上口紅讓雙唇更具魅力。我們在唇上注射膠原蛋白以隱藏年齡，還會為了保持濕潤不時輕舐雙唇。嘴唇有豐富的神經末梢，能感受壓力、熱、冷、味道、柔軟度，甚至連空氣流動都很有感覺。其實不單單能感覺，嘴唇其實也可以很感性，它們傳遞情緒、喜歡、不喜歡，甚或是恐懼。我們妝點自己的唇、按摩唇、打肉毒桿菌，還會用嘴玩——嗯，沒錯，玩親親。某種意義來說，嘴唇是令我們人類之所以獨特的一個原因。

141. 唇的飽滿

　　我們嘴唇的大小與厚度會因情緒起伏而改變。有壓力時我們的唇會變小，自在時唇會比較大。一個人的雙唇飽滿而柔軟，代表他很放鬆很滿足。反之，若有壓力，嘴唇的血就會流到身上其他需要血的地方。因此，唇的飽滿與否，可以看作是一個人情緒狀態的測量器。

142. 指尖放在唇上

　　手指遮住嘴唇表示不安或懷疑，而做這動作的背景也

得一併考量。人聽到需要好好消化問題時會出現此種行為，而慎重思考某問題時也會出現這種行為。但請記住，有些人是在各種情況下頻繁地這麼做，原因是這動作能抒壓，就像小時候吸大拇指一樣，所以推測時請小心。

143. 扯嘴唇

拉或扯嘴唇，通常和恐懼、懷疑、擔憂、缺乏自信或其他困境有關。不過有人若一直用這個動作來打發時間，那麼就請視而不見，因為對他而言，這動作是個安撫。但對不常這麼做的人，這就變成很好的指標，表示有什麼事情不對勁了。

144. 咬嘴唇

咬嘴唇是一種安撫，通常在人有壓力或憂慮時會看到。會咬嘴唇是因為人過了一定年齡，吸大拇指不再受到社會認可，而咬嘴唇刺激到的是嘴裡相同的神經。當人想說些什麼卻不能或不該說的時候，也可能會咬嘴唇。另外請注意，有些人一生氣就會咬嘴唇，這是他們自我克制的一種手段。

145. 舔嘴唇

就像咬嘴唇一樣，舌頭擦嘴唇也有助於安撫我們。這種行為通常與擔憂、焦慮或負面情緒有關；不過也可能只是因為嘴唇乾燥，所以下結論時請謹慎。無論如何，這動作對某些人來說是很可靠的指標，代表相當緊張。身為教育工作者，我總是能看到坐在那考試但顯然未做好準備的學生頻頻出現這個動作。

146. 雙唇變窄

雙唇變窄主要和負面想法、擔憂、恐懼、焦慮或缺乏信心有關。我們處理問題或碰到壓力時，嘴唇常常就會變窄。

147. 雙唇緊閉

我們整天做事都不順或有不好的念頭和不安時，嘴唇就會變窄、閉緊，就算只有一瞬間，也能精準地傳達我們的擔憂。雙唇緊閉可以非常輕微，也可以是緊閉到血都被逼走、嘴唇明顯變色的地步。緊閉的時間可能非常短暫

（二十分之一秒），卻也能毫無差池地暴露出意外現形的負面情緒。

148. 嘴唇輕壓

有時候我們會輕微擠壓嘴唇，來展現對他人的不快。嘴唇輕壓通常只動上唇，不像全唇緊閉，動的是上下唇。儘管如此，輕輕擠壓嘴唇還是會透露些端倪，只要把那個人其他的肢體語言加在一起考量。

149. 雙唇緊閉向下拉

人若發現自己犯下大錯或做壞事被逮，就會出現這樣顯眼的動作。上下唇緊緊閉在一起，嘴附近的肌肉收縮帶動嘴唇微微往下、拉大鼻子和上唇的距離，整個嘴的部分緊貼牙齒。

150. 雙唇緊閉不放鬆

嘴閉得很緊很久、不願放鬆的人，代表他正處於高壓或極度擔憂的狀態。緊閉雙唇有點像做好心理準備的意思，也很像我們會以手遮住雙眼、擋開不好的東西一樣。

愈是緊張或憂慮，就愈會想要閉緊雙唇。

151. 唇往嘴裡收

我們很擔憂或很焦慮的時候可能會把嘴唇往內吸，一直吸到看不見為止。這動作不像「雙唇緊閉」（參見＃147），雙唇緊閉時大部分嘴唇都還看得到，另外，發出的訊號也不同。通常是人在遭受極度壓力、身體嚴重疼痛或情緒劇烈起伏的時候，才會出現這種行為。

嘴唇

152. 嘴唇顫抖

非酒精因素或神經失調的情況下，無論多麼輕微的嘴角顫抖，都代表不舒服、憂慮、恐懼或有其他問題。年輕人被父母或其他掌權的大人問問題時，嘴唇往往會顫抖，還有從沒碰過執法官員的老實人也會這樣。我還從人力資源部門的人那裡聽說，一些年輕人被問到是否使用非法藥物時，嘴唇也會顫抖。

153. 嘴角下垂

雙唇緊閉、嘴角往下代表心情很差，也是處於高壓或

不適的強烈信號。這種行為很難偽裝，因此非常準確。不過也要注意，有些人嘴巴天生就向下彎。這發出的訊號和「石斑魚嘴」（參見 # 156）類似，但在這裡，嘴唇要不是閉得很緊、就是完全看不見。

154. 噘嘴

我們不贊成某事或正在考慮別種選擇時，就會噘嘴（嘴唇緊緊往嘴巴前面擠）。當觀眾對講者所說的話產生疑問或知道是不對的時候，經常會出現這種行為。嘴巴愈是往外噘，負面情緒或情感就愈強。這是一種極其可信的行為，撲克牌玩家不滿意自己的底牌時也會出現這樣的動作。

155. 嘴噘向一側

這和上面的噘嘴類似，不同的是嘴唇大力拉向臉的一側，使人的外貌明顯改變。這個動作通常稍縱即逝，不過意見分歧若太過嚴重，這姿勢也會持續幾秒鐘，這是一種強調的姿態，就像說：「我是真的搞不懂！我不喜歡剛被問的問題、聽到的話，還有現在到底是怎樣?!」這個姿態

愈明顯、持續時間愈長，情緒就愈強烈。知名的例子是辛普森案中的證人加藤·卡倫（Kato Kaelin），他作證時大家都能從他臉上看到這個表情，還有美國女子體操選手麥凱拉·馬羅尼（McKayla Maroney），她在二〇一二年夏季奧運會跳馬項目決賽中贏得銀牌時，也露出這個表情。

156. 悲傷的唇

嘴唇像眼睛一樣，可以是我們情緒狀態的窗口。悲傷的時候，嘴角一般會微微往下、通常伴隨下垂的上眼瞼。「石斑魚」嘴或臉有時指的就是這種表情。但需注意的是：有些人天生長這樣——嘴角永遠向下垂，這就和負面情緒扯不上關係了。

157. O形唇

感到驚訝或痛苦時，嘴唇本能會做出橢圓形，類似英文字母的O。我們為什麼會這麼做並不完全清楚，但這似乎是一種普遍存在於各文化之間的行為，也有可能是傳承下來的遺跡反應（vestigial response），也就是我們與靈長類動物受驚時都會做出的反應。這個表情最有名的圖像是

愛德華‧孟克的名畫《吶喊》（*The Scream*）。

158. 嘴打開，下顎偏向一側

類似「下顎往下掉」（參見＃179）。人若做錯事或意識到自己犯錯就會出現以下動作：一邊嘴角拉向臉的一側、下顎跟著往該方向移動；同時，該側嘴巴露出緊咬的下排牙齒。通常學生做錯原本就會做的題目時會有這種反應；員工意識到自己未能完成任務時也會看到這種行為。這種行為可能還會伴隨著從緊咬的齒縫中快速吸氣。

159. 微笑

真誠的微笑，是傳達友好與善意立竿見影的不二法門。微笑在全世界都是溫暖、友好、社會和諧的標誌。我們看他人微笑、尤其是嬰兒能帶來喜悅。在家庭關係、約會、商業往來中，一抹微笑就能開啟大門以及心靈。笑有各式各樣，碰到不認識的人打招呼，通常是社交的微笑，考生臉上有緊繃的笑容，假裝喜歡我們的人或儘量表現自在的人，臉上則會掛著假笑。

160. 真笑

這是許多研究的主題；真誠的微笑會牽動嘴巴和眼睛周圍的肌肉。研究肢體語言的學者保羅・艾克曼（Paul Ekman）將這種笑容稱作「杜鄉的微笑」（Duchenne smile）。真正的笑會讓整個臉明顯看起來更放鬆，這時候臉部肌肉反映的是真實的喜悅而非緊張。研究顯示，真誠的微笑在專業和個人領域都確實有「傳染力」，而且我們往往會把這個特質和充滿個人魅力的人連在一起。

161. 假笑

虛假的笑和緊張的笑一樣，都是做出來的感知管理（perception management），為的是要說服別人「沒事，一切都好」。區分假笑和真笑其實相當容易；有時假笑只有一邊的臉會動，或者笑容不是朝眼睛方向而是向耳朵延伸，一看起來就很做作。真笑會平順地牽動雙頰的眼睛和顏面肌肉。

162. 緊張的笑

緊張或緊繃的笑，顯現的是焦慮、擔憂或壓力。露出緊張的笑，是希望別人相信一切都沒問題。機場旅客報關時，常常會露出這樣的表情；這些旅客碰到很愛問又一直問問題的長官時，就會笑得很緊張。

163. 笑容是情緒的量表

笑容所揭露的內心情感到底有多準？答案是非常準。研究顯示，運動員的笑容會因為最終得到一、二或第三名而有明顯的差異。有趣的是，就算天生失明的運動員這輩子從沒看過別人臉上的笑容，前述同樣的差異也完全適用於他們身上。他們臉上的笑容會反映出成功或不成功——這個結果再度證實，許多非言語的表達，是我們腦中內建好的標準配備。

164. 皺起嘴角

夾緊一邊嘴角並微微往旁邊或向上拉，這樣的動作顯現出的是自滿、不屑、不喜歡、不相信或瞧不起。如果是

明擺著瞧不起，那這個行為就會做得很有戲或很誇張，就是要表現出真實的情緒。大多數時候，皺起嘴角大都出現在單側的臉，不過還是有人兩頰都會出現，但意義是一樣的。

165. 上唇上揚

厭惡、負面情緒、不屑、不喜歡，都會讓嘴某側的上唇角做出略為上揚或向上凸起的動作。情緒強烈的話，唇角上揚會非常明顯，這時候上唇會朝鼻子方向扭曲、呲牙裂嘴，幾乎就要迸出嘶吼聲。這是澈底討厭或憎惡的一種跡象。

166. 用舌頭擦上唇

有些人會輕快地來回舔舐上唇，由此反映出他們的正向情緒。因為舌頭實際是在對抗地心引力（搆上唇），所以和正向情緒更有關係。而這又和平常的舔嘴唇不同，舔嘴唇舔的是下唇和抒壓有關。不過就像所有身體語言的指標一樣，都會有例外，所以下結論前還需要找出更多確切的行為來做引導。

臉頰和下顎（下巴兩側）

許多人認為臉頰就是固定存在著，沒什麼動作可言，至於下顎也只是用來咀嚼和說話而已，說穿了，就是對肢體語言的研究沒什麼用處。但臉頰和下顎確實給我們的臉獨特的「人形」。我們期待領袖有堅毅的下顎，而時尚界也總是偏愛高顴骨的模特兒。我們把化妝品塗在臉頰上，用人工方式增添自己的魅力，再把頭髮留到下顎兩側，讓臉看起來更豐滿——這也是林肯總統留鬍子的原因。我們興奮或尷尬時，臉頰就會變紅，覺得不確定就會移動下顎，這樣看來，臉頰和下顎的確幫我們傳達了某些訊息而不應等閒視之。

臉頰與下顎

167. 臉部突然抽動

臉的任何地方（臉頰、嘴角、眼睛、前額）都有可能發生抽動，而且會因人而異。突然性的神經質抽動一般來自緊張或焦慮，而臉頰或臉頰附近因為有相互連結的肌肉通過，臉部抽動常常會落在這個區域。

168. 臉部內凹

人用手指緊推或緊壓臉頰所產生的感覺，有助於緩解

壓力（真的是把臉上的肉弄個凹坑）。有時候內凹相當明顯，取決於施用的力道。運動賽事中，地主隊若表現得很差勁，就會頻繁看見這個動作。臉部內凹可以只發生在一側，手指用一根、兩根或幾根都有，也可以是同時用拇指和食指或中指掐住臉龐。

169. 按摩臉頰或臉部

按摩臉頰或臉部是釋放壓力的好方法。通常力道都很輕，這動作也有沉思的意思。為求精準，這動作還是得搭配其他行為一起評估。

170. 敲彈臉頰

某人用手指敲彈臉頰，表示他覺得無聊，想進行下一步了。確認時請合併其他行為，如看起來很無聊或一直調換座位。

171. 架住臉頰

架住臉頰的動作，是指某人將下顎放在伸出的拇指上面，同時食指朝上、放在臉頰的一側。這個動作通常只會

用到一隻手，暗示某人正在思考或想要自己看來像是在沉思的樣子。有些人會用這個行為，主要是因為對說話者的內容有所疑慮，有些人這麼做卻可能只是想幫助自己集中注意力。約會的時候，這個動作會是在有距離的情況下，表現出感興趣的有效姿勢。

172. 鼓起臉頰

不吐氣、鼓起臉頰，往往意謂著懷疑、深思熟慮或小心謹慎。這個動作通常會在那些不太確定接下來該怎麼做的人或憂心的人身上看到。這個動作其實很常見，有些人想辦法解決問題時也會維持這個姿勢好一陣子。

173. 偷摸臉頰

食指非常輕微地擦向臉頰，其實是一種偷偷安撫的方式，也是在做壓力的感知管理。這動作就像人試圖隱藏不安會去摸鼻子一樣，而會這麼做的原因其實是想隱藏不安、焦慮或擔心。電視上受訪的來賓還有撲克牌玩家，常常會偷偷摸臉頰，讓人很難不看到。

臉頰與下顎

174. 抓臉頰

抓臉頰也是一種安撫的方式，處理懷疑和缺乏安全感。這要比偷摸臉頰力道更結實，也因為其所隱含的意義而更準確。不過，用四隻手指抓臉頰的話，通常就代表有所保留、猶豫、困擾或憂慮。

175. 捏嘴角

用手指緊緊掐住或捏住嘴角是一種抒壓的表現。我們很少會在感到滿足或放鬆的時候這麼做。這和「臉部內凹」（參見 # 168）不同。這個行為通常是用手指和拇指同時壓著臉頰有肉的地方往嘴角的方向拉，有時甚至一片唇或整個上下唇都會拉到。

176. 擦拭臉頰

人在極端的壓力下，常常會把手按在臉上再往下抹，就好像要把臉擦乾淨一樣。通常這個動作會從耳朵前方開始、到顎骨附近結束。按壓的力道愈重、時間愈長，壓力就愈大。我看過交易慘淡的股票經紀人在當日收盤時會做

出這個動作，或者球隊在比賽的最後一秒輸球，輸方球隊或支持者，同樣也會做出這樣的動作。

177. 下顎緊繃

沮喪、憤怒或恐懼時，靠近耳朵的下顎肌肉就會逐漸緊繃起來。另外，一旦有壓力、有人挑釁或很激動的時候，下顎也會變得緊繃。

178. 下顎錯位／移動

下顎錯位或反覆移動（從一側移到另一側）是一種有效的安撫方式。但這在某些人身上純粹只是一種強迫性的行為，所以要注意發生的時間及頻率，還要確認其他不對勁的行為。大多數的人不常這麼做，因此若真的看到有人做這個動作，那一定就是有什麼事情正在困擾著他們。

179. 下顎往下掉

下顎突然往下掉、嘴張開、露出牙齒，傳達出萬分驚訝之情。通常人受到驚嚇或碰到難堪的消息時，就會做出這個動作。我們還不知道為什麼下顎會往下，不過這個動

作能十分準確地透露出全然的驚訝之情。

180. 下顎肌肉跳動

　　下顎肌肉跳動、抽動或變緊、變明顯，這些都暗示沒耐性、緊張、憂慮、擔心、生氣或負面情緒。

181. 下顎往前凸

　　生氣時會把下顎稍微往前移或向前伸，這個行為若再加上放低的上眼皮或緊繃的雙唇，此時想完全把怒火隱藏起來就很難了。

下巴

　　如嬰兒般的、圓的、方的、下垂的、堅毅的、帶酒窩的、可愛的或有疤痕的，下巴有多種不同的形狀和樣子。下巴保護我們的臉，必要的話還能保護脖子，下巴也能傳達我們的驕傲或羞恥感。我們會說「抬高下巴」來幫心情低落的人打氣，士兵驕傲地向國旗敬禮時下巴的角度也很高。簡單來說，下巴能傳達我們許多的內在狀態，無論是自信、害怕、困擾或是克服情感。

182. 抬高下巴

　　下巴向外並向上抬，傳達的是自信——因此有「抬高下巴」這樣的英文諺語。在一些歐洲文化（德國、俄國、義大利等）裡，下巴抬得大致上比平常來得高，表示有信心、很驕傲的意思，不過某些情況也有傲慢的意思。

183. 下巴向下掉

　　有人回應問題時，下巴會突然向下掉，這很可能代表他缺乏信心或覺得有威脅。這用來辨識某些人相當可靠。他們收到壞消息或想到痛苦、負面的事情時，下巴真的就會往下掉。

184. 下巴往後收

擔心或焦慮時，下巴本能地會儘量往脖子靠——這是我們保護要害的天性。這動作完美指出不安、懷疑，甚至是恐懼。如果某人被問問題後做出這個行為，表示有嚴肅、未解決的爭議。孩子做了不該做的事情而被質問時，下巴就會變低，做出很懊惱的樣子。許多大人同樣也會這樣回應。

185. 藏住下巴

小孩通常想掩飾尷尬，表現出對他人的不滿或顯示自己心煩時會有這個動作。他們先將下巴往下收、通常伴隨雙臂交叉，然後拒絕將下巴抬起來。成年人的話，通常是男性在對峙時會做出藏下巴的動作，他們面對面站著、生氣或彼此叫囂。在這樣的狀況下，遇到暴力事件這個動作就能保護頸部。

186. 下巴往下加上雙肩下垂

這是另一個父母很熟悉的行為，當孩子將下巴壓低或

將下巴努力藏起來，雙肩又下垂，實際上就是在說：「我不要！」若再加上雙臂交叉，那孩子肯定是說什麼都不要。

187. 碰觸下巴

我們在思考或評估事情時會碰自己的下巴，而碰觸的時候通常是用指尖。碰觸下巴未必表示懷疑，但某人在消化訊息時就要注意。若加上其他行為，如噘嘴，暗示這個人正在想些負面的東西，或者對先前討論的事情另有想法。

188. 用手背摸下巴

這動作在許多文化中，都表示某人對剛聽到的話心生懷疑。手背摸下巴可能會和噘嘴一起做。摸的時候可以是從下巴的一側摸到另一側，也可以是從後面摸到前面。

189. 捧下巴

下巴捧在掌心上再加上面部肌肉鬆弛，暗示很無聊。但背景若和法務有關的話，那麼根據不同情況就會有很多

可能。像我曾經在某個法庭場景中,看過獨坐在一間房裡的犯人假裝擺出這個姿勢,這又是一種感知管理的形式,目的是要讓執法人員以為他們真的好無辜,待在這裡真的只是無聊而已。

190. 撐著憤怒的下巴

這個動作的做法是將下巴放在拳頭的指關節上,手肘打開、靠在桌子上,做這個動作的人眼睛會看向遠方或電腦螢幕。由於他們正在思考難題或此刻正在生氣,通常前額還會皺起來或者眼睛會變窄或瞇瞇眼。看到有人擺出這樣的姿勢,不去打擾才是上策。

191. 移動下巴

下巴抵在手掌左右移動,是「不同意」的潛意識表達。我曾看過圍坐在會議桌開會的人把下巴放在手掌上左右移動,藉以表現出他們沉默的不悅。

192. 摸鬍子

摸鬍子能非常有效地緩解壓力。不過跟其他重複行為

一樣，有些臉上長鬍子的人會摸不停、無法節制，若是看到有人一直這麼做就直接忽略。但若是某話題一經提起，這個動作就突然開始或漸漸變多，也許做的人就有些問題。還要考慮的就是文化背景；例如，中東男子聊天打發時間時普遍都會摸鬍子。另外，很多留鬍子的人覺得消磨時光時摸摸鬍子，很有療癒的感覺。

193. 皺起下巴

人有壓力、遭遇情緒亂流或將要哭泣時，下巴就會起皺。這就算碰上最堅毅的人，道理也是一樣。

194. 下巴肌肉發抖

下巴肌肉突然發抖，暗示恐懼、擔憂、焦慮或憂愁。快哭的人也會下巴肌肉顫抖。根據大衛‧吉文斯博士的說法，頦肌（mentalis muscle）包覆下巴、造成皮膚顫抖，是最能反映我們情緒的肌肉之一。有時候下巴甚至比眼睛還要早反映出情緒亂流。

195. 下巴擺在肩膀上

這在尷尬的人或有玻璃心的人身上經常看到。他們會很孩子氣地把下巴擺在一邊的肩膀上，一副很乖巧的樣子。特別要注意的是，有人回答問題時也會這麼做。這通常意謂這個人很難去討論某個主題，也許是因為他擁有某些不想透露的知識。

196. 用下巴來指方向

人用伸脖子、下巴往前指方向，在許多文化中都有。這個動作取代了用手指頭指方向，整個加勒比海地區、拉丁美洲、西班牙部分地區、中東以及許多美國原住民保留區，都能看到這個動作。

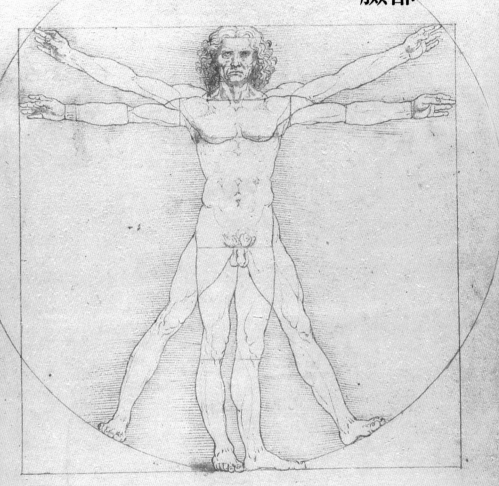

臉部

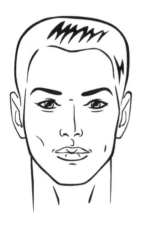

雖然我已解釋過臉的各個部位了，不過某些行為還是得從整體來看才能獲得最好的理解。人類經由演化，慢慢從臉上搜集大量訊息。其中眼睛和嘴巴尤其能吸引我們的注意。通常我們看著喜歡的人，視線會牢牢繫在眼睛和嘴巴之間，因為這兩個地方能透露非常豐富的訊息。媽媽和嬰孩為了把彼此深印在心房、為了收集訊息、也為了緊緊相繫，一次又一次地仔細端詳彼此——程度不亞於戀人在咖啡館裡默默掃視對方。我們天生為臉著迷，《蒙娜麗莎》像謎一樣難解，也正是因為如此，我們用盡千言萬語來描繪這張全世界最有名的臉。我們天生對臉好奇，一看到臉上有什麼特別之處就被勾走了。臉孔傳達情感、思想、感受，因此我們終其一生不斷在臉上尋覓線索。希臘人說，海倫（編註：引起希臘聯軍與特洛伊十年戰爭的絕代美女）那張臉能「發動千艘戰船」（"launched a thousand ships"），這樣說既是隱喻、還很可能是事實，同時，也說出了臉所具有的力量。

197. 避開臉

有時出於各種原因，就算彼此距離很近、也會儘量避

免面對面的接觸。避不見面,在法庭的受害者與嫌疑人之間或離婚訴訟的攻防戰中都能看到。人的態度變得多快?眼睛看哪裡?眼神變得有多死板、不再東看西看?這些都是很明顯的迴避動作。

198. 擋住臉

這動作是指人把手肘放在桌子上、雙手握在臉的前方。他們遇到有人問問題時,手也不放下來、只會看著手或直接對著雙手回話。他們事實上是在隔離自己,或許因為壓力,或許缺乏自信,也或許不喜歡那個和他們交談的人。雙手就是一種心理的阻隔。這種不想以臉示人,通常是「很有問題」的強烈指標。

199. 搗住臉

人通常感到羞恥、尷尬、恐懼、焦慮或擔心時,會用手搗住臉或用東西把臉遮住,全世界都一樣。遭到逮捕的人被帶到待命的警車上時,常常也都會用衣物遮擋臉龐。

200. 臉兩邊情緒不對稱

最近已經證明，我們的臉很特別，能夠同時顯露出多種情緒。臉可以一面輕蔑、表現出不屑，還能一面同時掛上社交式的微笑。這很可能是內心有多種情緒相互較勁的證據，這種表現在臉上的五味雜陳就是一種「洩漏」。就我的觀察，左臉（看著對方的話就是你的右邊）在表達負面情緒時尤其準確。不同半邊的臉顯現出不同情緒的能力，稱為「情緒掌性」（emotional chirality）。

201. 臉上表情不同調

說是一回事、臉上的表情又是另一回事，這種不同調很常見。也就是說，一個人可能在講某事，但臉早就暴露出別的事了。如同相互寒暄的場合，就是得說些好話或有禮貌的問候，但某人的臉若太緊繃或擺出一副不喜歡、不舒服的樣子，無非就是露出了他真正的情緒。

202. 人群中不尋常的臉

多年來我和美國特情局以及各種私人企業，在警界事

務上打交道的過程中學到，若感覺人群中有張顯眼的怪臉，要相信自己的直覺。這麼說的意思是，要去注意那個大家都很開心他卻在生氣的人；或者一群人裡，大家表情各異，他卻面無表情、一動也不動的人。航空公司的人員告訴我，當機場人群大排長龍時，通常麻煩櫃檯最多的人，就是那種臉看起來怪怪的，滿滿情緒，那種怎麼看都和旁邊的人搭不上的臉的人。

203. 騷亂卻平靜

　　常指「自戀式的平靜」（narcissistic serenity），發生在情況絕不可能展現平靜表情的時候，臉上卻展現不尋常且不合理的平靜表情。李‧哈維‧奧斯華（Lee Harvey Oswald）（編註：被視為是美國前總統甘迺迪遇刺案的主兇）、蒂莫西‧詹姆士‧麥克維（Timothy McVeigh）（編註：策劃一九九五年奧克拉荷馬城爆炸案的主嫌）、伯納‧馬多夫（Bernie Madoff）（編註：曾任美國那斯達克交易所主席，以「龐茲騙局」模式吸金，打造世紀騙局，爆發華爾街有史以來最大的弊案）遭逮捕時，不管他們當下的處境為何，也不管他們個別的罪行有多恐怖，全都帶著這種同樣詭異的安詳表情。

204. 不宜的冷笑（「欺騙的喜悅」）

「欺騙的喜悅」（Duping delight）這個詞，是由著名的研究學者保羅・艾克曼（Paul Ekman）所發明，指的是做壞事沒被發現時，臉上露出的那種不該有的冷笑或者要笑不笑的表情，這和「騷亂卻平靜」（參見＃203）非常相似。這種欺騙的喜悅，在那些智取他人或者認為自己騙過他人者的身上也都能看到。這是一種自命不凡的笑，發生在情境更適合謙卑、嚴肅甚至是悔罪的時間和地點上。

205. 摸臉

摸臉有許多意圖，這個動作能吸引人——我們經常看到雜誌封面上的模特兒擺出這樣的姿勢。或者，摸臉刺激到臉上無數的神經，能幫助我們放鬆。不管怎麼說，情境才是關鍵。

臉部

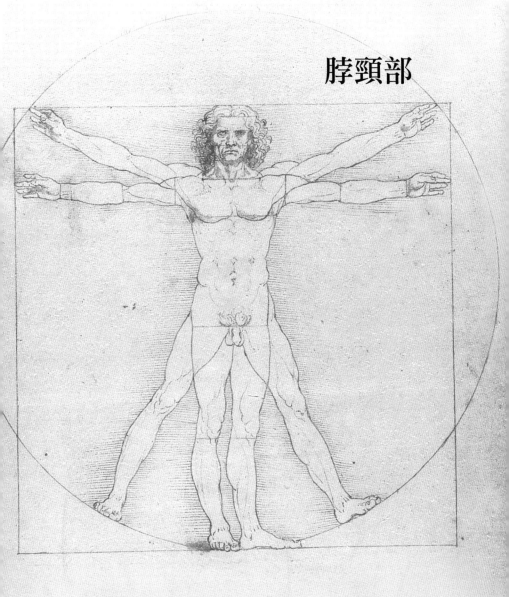

脖頸部

頸部是我們身體最脆弱、最容易受傷的部位。舉凡血液、食物、水、電子信號、荷爾蒙、空氣，這些我們生存至關重要的一切，都會經過我們的頸部。頸部有盤根交錯的肌肉、可以支撐我們的頭部，有中空的頸椎骨，可以保護我們的脊髓，還有供給大腦養分的大靜脈和動脈，很明顯地，脖子非常重要。不過，說到非言語溝通，脖子還是常受到忽略，就算我們知道脖子在我們覺得舒服、感興趣或接受某想法或某人時，都會有所表示。我們摸脖子、遮脖子或給脖子透透氣，加上其他行為，表現出來都等於是在昭告天下自己私密的想法和感受。脖子極其敏感，對最輕微的觸碰或撫摸、甚至是呼吸的熱度都一樣，因此也是身體最感官的區域之一。

206. 觸碰脖子

除了搔癢之外，觸碰脖子是不安、憂愁、焦慮、擔心或有問題的極好指標。只要有事情困擾我們或者很擔心時，無論動作有多輕，我們都會觸碰自己的脖子。觸碰脖子常常被輕看了，不管是什麼形式，觸碰脖子絕對是洩露某人正在心煩最準確的一個動作。

207. 遮住頸窩

　　觸摸或遮掩「頸窩」或「胸骨上切跡」（suprasternal notch，喉結下方、上胸部上方的凹陷區域），代表不安、有問題、擔心、沒安全感或恐懼。男性在調整領帶或抓衣領時往往會使勁抓著頸子或喉嚨，或許還會用整隻手把這個地方遮起來。女性則比男性更常觸摸這個地方，她們通常用的是指尖、動作也更輕。不過，動作無論輕重大小，遮住身體最脆弱的點，都意謂著有什麼不對勁。我們感到威脅就會遮住脖子，最有可能是因為人類目睹大型貓科動物無數次直取頸子的掠食行為，碰到太多、看太多，逐漸演化成今天這樣。若想知道更多這方面的訊息，請參閱《FBI教你讀心術》。

208. 觸摸領結

　　領結覆蓋胸骨上切跡和頸部，所以觸碰這個地方有保護頸部和緩解焦慮的作用。男性在社交場合感到尷尬或有輕度焦慮時通常會這麼做。有些男性會反覆做，這是一種安撫行為，如同女性有壓力會「把玩項鍊」（參見＃209）一樣。

209. 把玩項鍊

把玩項鍊和女性用手遮住頸窩的目的相同，這麼做可以保護易受傷害的地方，藉由重複的動作也能緩解壓力。

201. 把玩衣領

觸摸或把玩襯衫正面的衣領，可以撫平或緩解壓力，有三種方式：用衣領遮住頸部；觸摸衣領的重複行為；搧動衣服、讓裡面的皮膚通風。

211. 頸部按摩

人們經常按摩頸部的兩側或後方，以緩解壓力。許多人很容易小看這個行為，但事實上，人們通常只有在某些事情困擾他們時才會這麼做。

212. 按摩迷走神經

迷走（vagus，拉丁語「徘徊」的意思）神經連結大腦至身體的各主要器官，包括心臟。我們遭受壓力時，或許會發現自己正在按摩側頸、靠近量脈搏的地方。這麼做是有原因的：迷走神經的刺激，會釋放出稱為乙醯膽鹼

（acetylcholine）的神經遞質，然後這個神經遞質再向心臟的房室結（atrioventricular node）發送信號，使得我們的心律下降。

213. 拉扯皮肉

拉扯下巴下方、脖子肉的地方，能讓一些男性平靜下來。有時，遭受巨大壓力，拉扯也會變得激烈。這在女性則很罕見。我見過男性在壓力下拉得太猛，皮膚都泛白了。

214. 給頸部透氣

我們承受壓力時皮膚會變熱，這是一種由自主神經系統所控制的生理反應，我們控制不了。這發生的時間通常不到兩百五十分之一秒。我們讓衣領和脖子附近透透氣、能緩解因皮膚潮紅或發熱引起的不適。激烈的辯論或只是討論都有可能讓人有壓力而想透氣，聽到傷人的話或評論也是一樣。熟悉已故的喜劇演員洛尼·丹吉菲爾德（Rodney Dangerfield，曾演出一九八〇年的電影《瘋狂高爾夫》〔*Caddyshack*〕）的人就會記得，他在電影裡和脫

口秀節目裡「不受尊重」時，尤其是壓力大時，都會做這個動作。

215. 在頸部前方握拳

將拳頭放在頸子前面與遮掩「頸窩」（胸骨上切跡），有相同的作用。這是針對威脅、恐懼不安而有的自動且下意識的反應。這行為主要發生在男性身上，不過我也看過一些女性在極端壓力下或遇到一些很負面的事情時，做出這個動作。許多人把拳頭誤認為力量的標誌，但現實中，這裡的情況是防禦、焦慮、不喜歡的象徵。

216. 頸部血管跳動

明顯的頸部血管跳動，代表壓力或焦慮。有些人在害怕或生氣時跳得尤其明顯。

217. 吞嚥困難

吞嚥困難很容易察覺，有時還能聽見聲音。這是對討厭的、危險的或極度有壓力的事情的一種自然反應，也是判斷痛苦的可靠指標。吞嚥困難時喉嚨周圍的肌肉和韌帶

會收緊，造成喉結大力地上下移動。

218. 伸展頸部

伸展頸部或咔噠咔噠地轉脖子，都有減壓或安撫的效果。人若不想回答棘手的問題時，常常會做這個動作。

219. 頸部和臉部漲紅／發紅

頸部和臉部泛紅是一種對刺激的自主反應，無法控制。許多人感到威脅或不安時會臉紅，在極少數情況下，臉紅是因為說謊被逮或做違法的事。這個行為讓我們知道，某人無論僅是因為尷尬或更邪惡的原因臉紅，都有什麼事困擾著他。另外一定要記住，某些藥物或食物也會引起臉部泛紅。

220. 喉結跳動

如果某人的喉結突然向上震動，很可能剛聽到讓他緊張、有威脅或讓他擔心的事情。人若感到極度脆弱或易受攻擊的時候，也會有這種控制不住的反應。喉結的醫學術語是 laryngeal prominence。而位於喉頭（喉嚨的一部分，

內有聲帶）周圍的甲狀腺軟骨，是喉結呈現隆起（突出）狀的原因。男性的喉結通常比女性明顯。身體的這個區域對情緒的壓力源敏感度很高、反應也很大。

221. 露出頸部

　　頭偏向側面，露出單側頸部是使用次數最多，但理解程度最少的肢體語言行為之一。我們抱著或只是看著新生兒時，頭會不由自主地斜向一邊，而孩子隨時間推移，認出了這個動作並報以微笑和放鬆的表情。我們再大一點時，頭偏向一邊多表現在求愛行為上，當我們頭偏向一邊、凝視情人雙眼的同時，也暴露了自己脆弱的脖子。在個人和專業的關係上，這種行為都代表著某人正在傾聽而且很感興趣。這是一種卸除他人心防強而有力的行為，在對峙的情況下極為有用。如果再加上微笑，就是贏得人心最有效的一種方法。

脖頸部

222. 頸部變僵硬

　　人的脖子會向一側傾斜、比平常露出來的更多，這表示他很專心、接受度很高，特別是他很有舒適感。然而，

舒適感若減弱了，頸部很快也就變僵硬了。頸部僵硬表示高度戒備、警覺，並可能暗示某人對剛才所說的事情存疑，也或者有很嚴肅的事情要討論。人若本來是放鬆的狀態，頸部卻一下子變僵，不用懷疑一定有什麼不對勁。

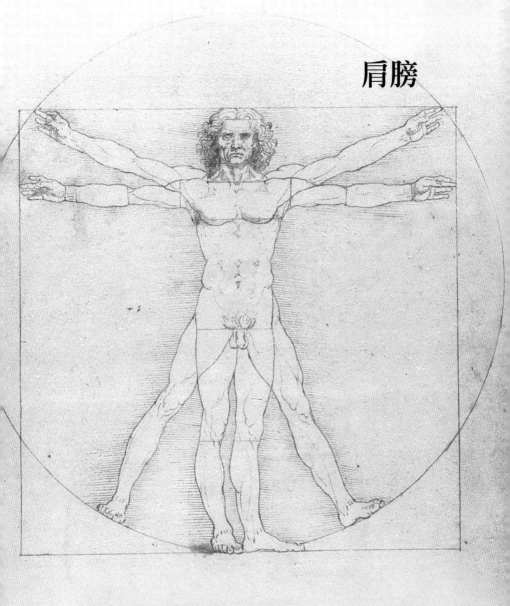

肩膀

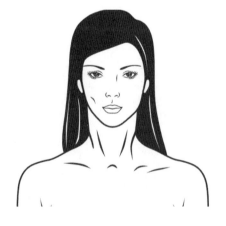

肩膀無論寬、窄、健美、苗條、嫵媚、誘人或下垂，都是在訴說我們的體態。奧運游泳選手的寬肩，還是世界級芭蕾女伶滿滿肌肉線條的肩膀，就算隔很遠看也不可能出錯。墊肩西裝讓著裝者看起來挺拔出眾，同樣地，高挑優美的模特兒裸露香肩也會令人目不轉睛。人沮喪時肩膀會下垂、驕傲時會打開肩膀向後挺，肩膀代替我們說話。而肩膀替我們說出我們的身分、我們的成就、我們的想法或感覺，將會讓人大吃一驚。

223. 聳起一邊肩膀

回答問題時，人一邊肩膀朝耳朵方向聳起，一般代表不安或懷疑。再結合其他行為（回答時遲疑，手臂靠向身體）就是很好的指標：表示做動作的人對自己講的話缺乏信心。談判的時候，一方要回應如：「這是最好的價錢嗎？」這類的問題時，聳起一邊肩膀就表示還有商量的空間。給答案時聳起一邊肩膀，代表對剛剛所說的事情無法完全承諾。

224. 肩膀透露興趣

緩緩刻意地聳起單側肩膀、頭部向該側肩膀傾斜，同時眼神有直接的接觸，這代表對此人感興趣。大部分在約會場合看到這種情況，通常是女性，她們見到喜歡的人常會這麼做。

225. 雙肩高聳

人高聳雙肩（朝向耳朵）時，很可能是感到不安或有所懷疑。這種行為稱作「烏龜效應」（turtle effect）。本質上，這個人是想在公開場合把自己隱藏起來。高聳雙肩可不是有信心的象徵。這個動作通常出現在——演講者在一大群人面前或在沒準備的學生面前，問有沒有人要自願回答問題的時候。

226. 快速聳肩

被問到不知道答案的問題時，人常常會快速而明顯地聳起雙肩。快速向上的動作是一種抵抗地心引力的行為，通常和正向感情有關——但在這裡，他們是真的不知道。

比起緩緩聳肩（回答「不知道」）或只是聳聳猶疑的單肩，這樣做往往更坦率些。

227. 愈坐愈低

開會時人若身體陷在椅子裡愈陷愈深，則洩露出他的忐忑不安或缺乏信心。就像烏龜效應一樣，這也是一種在公開場合裡躲藏的方式（他們也許還希望不要被叫到）。但要注意的是，這動作在某些人身上只不過是冷淡或沒興趣的象徵。這行為也因為肩膀相對於桌子的位置較低而變得明顯。

228. 搓揉肩膀／鎖骨

在一些相當緊湊或充滿壓力的訪談當中，受訪者的手會橫過胸口去按壓另一邊的肩膀，之後手再慢慢橫過鎖骨移向胸部。有時手還會在胸部附近來回按壓或重複整個過程。這個行為本身的觸感和重複性，可以幫助緩解壓力或不安。

229. 挺肩

肩膀由鬆到挺的擴張動作，是種讓人可感知的權威和自信的展現，表示此人握有權力。我們經常看到運動員和軍事人員這麼做。這也是西裝為什麼會有墊肩的原因——可以讓穿的人看起來更強大、更具權威。

230. 抬肩時手掌朝上，頭部傾斜

這是「拜託！好嘛？」的姿態，做的時候手掌朝上抬起、頭歪向一邊、單肩或雙肩聳起，這就是一種懇求的行為。小孩會這麼做、大人也一樣，運動員覺得裁判判決不公、要求重新定奪時，常會做出這個動作。

231. 叩頭

這是上肢和肩膀向前微微彎曲的動作，可能是特意也可能是潛意識想這麼做。在世界各地，於權力較高的人面前做此動作時，會略有些微的不同。亞洲人鞠躬是出於尊重，就像英國女王的子民在倫敦做的動作一般。叩頭的起源和靈長類留下來的遺產密不可分，那時只要碰到帶頭的

雄性（人類的情況是指有較高權威的人）就會彎低身子。西班牙征服者來到新大陸時發現，美洲原住民也會向他們的王鞠躬或叩頭，如同西班牙人在伊莎貝拉皇后宮廷中所做的一樣，這足以證明叩頭在各地的共通性。

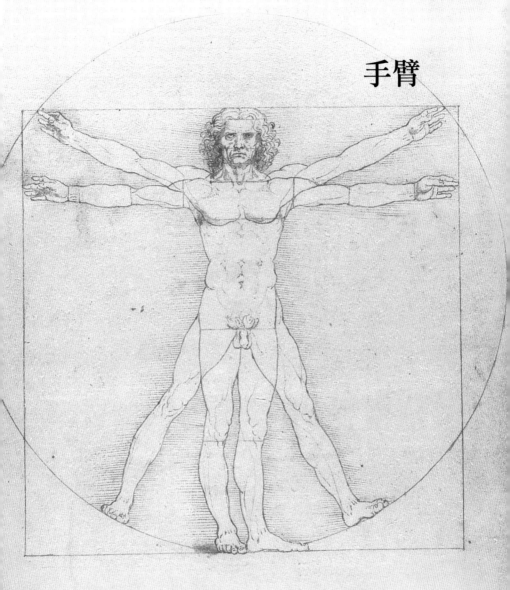

手臂

手臂不僅保護我們、保持我們的平衡、幫我們搬東西，還非常會溝通。壓力大時，我們給自己擁抱；得第一名時，我們振臂高呼；孩子舉起雙臂索求愛的抱抱；我們的手臂不斷幫助我們、溫暖我們、為我們照護他人，更為我們傳達需求與感受──手臂所做的，遠遠超過了我們的認知。

232. 擁抱

　　擁抱無論何種形式，全世界都同樣指向親近、好感、溫暖、合作。在某些文化中，簡短的社交擁抱（如拉丁美洲的abrazo）如同問候、類似握手的姿勢，而擁抱的方式則透露出雙方對彼此的感覺。想一下美國運動員和電影明星彼此出於兄弟之情的擁抱。身為觀察者，我總是會注意擁抱本身與面部表情，以這樣判斷兩人對彼此的真正感覺，我會覺得比較可靠。

233. 活潑的手勢

　　活潑的手勢，能反映我們的情緒也能吸引別人的注意。講話時有大手勢是強力的展現，對動態交流來說也很

重要。許多文化都會用誇張的手勢來強調，但對不了解的人來說，做這樣的手勢的人感覺好像就要打起來了，但事實上他們不過是在強調罷了。

234. 說話帶手勢

常有人問我：「為什麼我們要有手勢？」一般認為，手勢是組成溝通的一部分。手勢幫我們獲得並維持吸引力，還能用來強調重點。手勢甚至能提升說話時的靈活度、用來回想用語，藉此幫助演講的人。手勢影響我們訊息接收的方式，以及別人能記住的訊息量。手勢附和訊息時，訊息就會增強。講話時，也希望別人能看到自己的手勢。如果觀看成功的TED演講就會發現，手勢是不可或缺的元素，而最棒的講者都會善用手勢。

235. 手臂緊貼身體，雙手彎曲

通常指受壓抑的欣喜之情。人對自己很滿意卻儘量不去顯現的時候，會把手臂貼緊身體，然後再把手腕彎到快九十度的地方，手掌面朝下，這也發生在人努力控制自己的興奮、不想引起注意的時候。這種行為或許還伴隨著聳

肩，還有想當然耳的喜悅之情也會寫在臉上。

236. 擺出歡欣／勝利的姿態

歡欣鼓舞或大獲全勝的動作，往往都是抗地心引力的，換句話說，這樣的姿勢會朝身體上方或向外擺。有時候我們真的會打開雙臂、撐開手指，人從座位上跳起來。正向的情緒會驅動抗地心引力的動作，因此勝利的姿勢在全世界的體育賽事裡表現大致都相同：即振臂高舉向天。

237. 胳臂放在背後

將胳臂和手放在背後，顯現的是一種莊嚴的態度。伊莉莎白女王、查爾斯王子還有其他英國王室成員，希望別人能保持一定距離時，通常會這麼走路。對我們平民老百姓來說也一樣，做這個動作是希望別人能給自己空間。這不是討人喜歡的好法子，因為我們傾向將這種行為和冷漠疏離連結在一起。有趣的是，幼童也不喜歡自己的父母把手藏在背後。

手臂

238. 胳臂僵硬

遇到可怕事情或不知所措時，人的胳臂常會僵住。此時的胳臂在身體兩側呈休眠狀態，看起來就很不自然、很像機器人。僵硬的胳臂強烈顯示，剛剛一定有什麼不好的事情發生。

239. 露出腋窩

我們只有在周遭環境是令人安心的時候，才會露出自己手臂內側，包括腋窩。特別是女性會用這個行為（手搔著頭部的背後，露出來的腋窩直接對著意中人打招呼），來吸引對方注意，同時展示她的中意。反過來說，我們露出腋窩時，正好有人靠近讓我們感覺不對的話，話不多說，我們會立刻遮住自己的腋窩。

240. 雙臂交叉／自我擁抱

自我擁抱是一種安慰自己很有效的方法，不管是在等人的時候、在公共場合看電影的時候，或者是我們需要一點自我安慰的時候。這也解釋了為什麼飛機上這麼多乘客

在排隊等洗手間時會交叉雙臂。很多原因會讓我們雙手抱臂交叉。以下是別人回我的一些原因：「這樣很舒服」、「胳臂累的時候這樣很有用」、「這樣可以遮住胸部」、「我想問問題時就會這樣」、「這樣可以遮小腹」。每個人都有很好的理由，但大部分是這動作能給人舒適感。很多人誤會雙臂交叉等於把人隔得更遠——其實通常不是那個意思。

241. 雙臂交叉／保護

　　某些情況下的雙臂交叉，不是一個能給人舒適感的姿勢，比較像是一種保護的手段。我們覺得不安全或受到威脅，可能會下意識地想要包覆自己脆弱的腹部（肚子）側面。若是這些情況，雙臂會顯得更緊繃、心理的不適感也會寫在臉上。

242. 雙臂交叉／自我克制

　　人在不開心的時候，可能會用交叉雙臂來壓抑自己。想像一下到了機場櫃檯卻被迫要重新劃位的顧客。「自我擁抱」（參見＃240）相對用的力道非常小，這個行為卻

著實是在幫忙壓制情緒失控下的手臂。值得注意的是，這種自我克制的行為，通常還搭配著臉上滿滿的敵意。

243. 雙臂交叉／不喜歡

在不喜歡的人面前，我們可能會將雙臂橫在腹部試圖保持距離或把他隔開。通常，一看到倒胃口的人我們立刻就會這麼做，在辨認這個行為和表達不喜歡上都非常準確。這和「自我擁抱」的行為應該分得出來，只要看看連帶的其他線索，例如緊繃的臉和一同轉開的腳，就會知道是不喜歡。

244. 雙臂交叉／按摩

雙臂交叉放在胸前對許多人來說都很舒服。不過，這時若按摩另一邊的肩膀或手臂，則暗示這個人有壓力或不安。人坐著、把手肘放在桌上的時候，最有可能出現這個動作，但我也看過有人只是以自我擁抱的方式坐在椅子上，按摩另一邊的手臂來減輕壓力或擔心。

245. 雙臂交叉，握住手腕

在法庭裡，受詰問者面對不利於他的訊息時，坐著坐著手就會突然橫過腹部去握住另一隻手的手腕。人被問到難纏的問題或被指控些什麼的時候，馬上會看到他們這樣做。據觀察，撲克牌玩家拿到一手爛牌或偏爛的牌時，也會出現這樣的行為。

246. 攤開手臂

會把手臂攤在幾張椅子或沙發上的人，是在用一種「宣示領域」的方式來彰顯自信。高級主管比初級職員更常這麼做。不妨觀察一下有較高階級或地位的人走過來時，那個人是不是會把手臂縮回自己身體的兩側。

247. 攤開手肘

人在強大又有自信的時候，會逐漸占據更多的空間，他們會在餐桌或辦公桌上攤開自己的手肘。這往往是潛意識的動作，他們大都不知道自己是把對自己的滿滿信心說給全世界聽。

248. 縮手肘

把手臂放在桌上坐著，一旦覺得不安全或受到威脅的時候，就會把擱在桌上的手肘縮窄。這樣的指標，可以用來幫我們評估別人對不同議題的討論有多少堅持或有多少自信。

249. 叉腰

叉腰的動作是指手放在臀部、手臂叉在腰上、手肘往前縮（就像蝴蝶拍翅膀那樣），我們每次想強調自己講話的內容時就會這麼做。這是一種展示領域，也是自信心的投射。我見過高階經理人、教練、軍官在強調特定的點時，都會雙手叉腰。

250. 勾手肘

人走路或坐著的時候和另一個人勾肩搭背，在世界上的許多地方都代表兩人之間的親密關係，或兩人正在進行非常私密的談話。這個動作把兩人的臀部帶得很近，表示事情進展順利。在地中海國家或南美洲，很常見到男人和

男人、女人和女人走路時勾肩搭背。

251. 手腕行為

我們也許沒想過手腕會是心靈的入口，但其實可以是。喜歡一個人或覺得在他身邊很舒服時，我們就會露出手腕內側。女性對身旁的人有興趣或感到自在，就算手上有飲料或香菸，也會露出手腕內側。不過一旦她沒感覺就會轉動手腕，只露出背面。大腦的邊緣系統會引導我們最敏感的區域——手臂內側、脖子、腹部等——去遠離那些我們不喜歡或覺得有威脅的事物，藉以保護我們。

252. 雞皮疙瘩

英文也稱「goose pimples」或「gooseflesh」，這是一種對寒冷甚或是恐懼的不自主反應——通常在手臂和腿上會看得見。起雞皮疙瘩會使毛髮在皮膚表面上站起來，這就是醫學名詞「毛髮豎立」（horripilation）或「豎毛」（piloerection）的由來（參見＃253）。靈長類動物害怕時，這個現象會特別明顯，因為毛髮豎立會自動讓牠們看起來更大些。大部分的毛髮在我們這個物種身上已經退

化，所以只能從雞皮疙瘩看見豎毛的殘痕。

253. 汗毛豎立（豎毛）

有時手臂、軀幹、脖子後面的汗毛會明顯豎起來。從進化的角度來看，這是我們和靈長類動物共有的一種殘餘反應（vestigial response），這種反應可以讓我們在受驚、害怕或恐懼時看起來更大隻。我們潛意識評估某個人、某地方、某狀況是有潛在的危險時，脖子後方的毛髮就會直立起來——有這種感覺的時候就要留意。蓋文‧德‧貝克（Gavin de Becker）在他的《求生之書》（*The Gift of Fear*）裡認為，這些潛意識覺得不對勁或覺得危險的情緒不容小覷。

254. 過度流汗

人在壓力下可能會突然大量出汗，因為身體試圖用蒸發來讓自己透氣。許多毒販在邊界都會被攔下來，因為停下來要走去海關那兒時，他是唯一一個腋窩周圍帶有一圈汗漬，脖子上的水珠還會閃閃動人的人。流汗流得太超過，可能表示這個人在隱瞞什麼或即將要進行犯罪行為。

但這不代表每位流汗的人都有犯什麼罪——只不過我們有必要多留意罷了。

255. 自傷

患有邊緣性人格障礙的人、情緒不穩或憂鬱的人，身上可能會有他們之前故意或割、或砍、或燒的傷疤。辨識他人身上的這些信號，是幫助他們的關鍵。他們自己也許不會求助，但正在以自傷這種非言語的方式來傳達心理健康需求。

256. 針孔的痕跡

使用海洛因與其他靜脈注射藥物的人，手臂內側沿靜脈的地方會有疤痕，這在長期濫用者的身上尤其明顯。

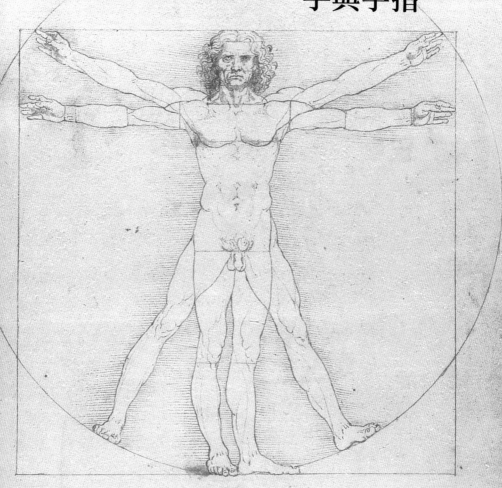
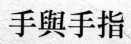

手與手指

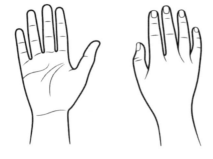

人類的手獨一無二。手能握手術刀進行複雜的手術，或拿著畫筆在西斯汀大教堂的天花板進行繪畫。雙手能輕抱初生的孩子，同時也能輕易拿起斧頭，用恰到好處的力道砍倒樹木。我們工作、玩樂與自我保護時都需要雙手，我們每天都靠著雙手與周遭的世界互動。我們也用雙手進行有效的溝通──不論是用手在學童過馬路時，示意車輛暫停、用手指揮管樂團演奏，或用手示意請朋友快點過來。我們的雙手時常向他人傳遞我們的熱情、欲望、能力、擔憂，以及透過極輕柔的觸摸，傳達最重要的東西──就是我們的愛意。

257. 手的狀況

　　人的手能告訴我們很多資訊。手部的保養、疤痕和繭，可能點出對方的職業；辦公室職員的手看起來就和水泥工的手很不同。同樣地，有時能從手的狀況，以及手指的動作或躁動等地方，辨識關節炎與神經疾病。

258. 手部保養

　　保養得宜的手是健康個體的代表。乾淨的手指加上指

甲長度適中代表此人會照顧自己,而這與有著髒手指或長指甲、沒有修剪的角質層,或者有著因為咬指甲而露出的指甲肉的人差異甚大。在約會時甚至在工作場合中,我們能從人們手部保養的程度或手部看起來的健康情況,做出結論。

259. 碰觸的頻率

我們碰觸彼此的頻率,是種傳達我們對對方的看法的好方式。雖然某種程度上來說,碰觸次數視文化而定,但大多數的狀況下,當我們在意對方時,碰觸對方的頻率一般會比較多。

260. 碰觸的方式

碰觸可以是有禮貌的、喜愛的、打鬧的、誘人的、拘謹的、輕柔的、關愛的或舒緩的。輕輕碰觸肌膚,能夠讓我們不由自主地顫抖,激起性慾。事實上,輕輕碰觸的動作與用力碰觸的動作,分別刺激大腦不同的部位。一個充滿關愛的人,用整個手掌進行充滿愛意的觸摸,靠近皮膚表層的血液散發著溫暖,這樣的動作對新生兒以及對於戀

人來說傳達了許多訊息。然而當老闆在我們的肩膀上用手指輕拍並說：「做得好。」我們的皮膚輕輕顫抖，因為這個動作感覺不對；我們知道此動作做作且空泛。

261. 碰觸和社會地位

在大多數的文化中，我們能碰觸的對象以及碰觸的方式，都是由社會習慣所規範。幾乎在所有的社會中，社會地位較高的人較常碰觸社會地位較低的人，相反情況則非如此。在工作環境中，我們更常見到老闆輕拍員工的肩膀，而非員工輕拍老闆的肩膀。我們必須要知道何時、何地適合碰觸對方，以及何時或碰觸是否會被接受。

262. 握手政治

這個詞彙常用於政客身上，意指政客進行握手、摟肩、擁抱、懷抱或親吻嬰兒等動作。握手提供給政客變得仁慈並建立肢體連結的機會。這樣的連結實際由化學物質所建立，因為我們觸摸彼此時，大腦會釋放催產素（oxytocin，作用強大的荷爾蒙，建立我們彼此之間的社會連結）。

手與手指

263. 手放在臀部，雙手叉腰，大拇指放在背後

　　將手放在臀部，大拇指放在身體背面，手肘外開，這是權勢展現（dominance display）的動作，稱為雙手插腰。此動作代表此人準備動作、有某事想討論或有問題。航空公司的員工告訴我，如果有人在排隊時做此動作，肯定的是此人必定有事情要投訴。這是個非常具有權威性的動作，此動作不太適合用於與孩子說話的時候——此動作阻礙了溝通，因為父母看起來像軍事教官。

264. 手放在臀部，雙手叉腰，大拇指放在身前

　　這比較像是表現好奇的動作。大拇指的位置似乎是次要的細節，但這其實很重要。目擊者常常站著，以此姿勢沉思事件的經過，而負責採取行動的人（警察、消防隊員）也會做出此動作，只是大拇指放在身後。

265. 宣示領域的手部動作

　　對方雙臂張開，雙手放在書桌或桌上，這是帶有輕微威脅的動作。此動作時常在退貨櫃台前見到，生氣的顧客

一邊與店家代表爭論，一邊張開雙臂占據愈來愈多的空間。隨著情緒愈來愈高漲，請注意雙臂張開的幅度會愈來愈大。

266. 推開桌子

僵直的手臂突然推開桌子的動作，能非常精確表達對方不同意聽到所說的話或討論的事情，或是對方可能感受到威脅。動作的速度很重要：此動作發生的速度愈快，代表對方愈擔心。

267. 玩弄物品

玩弄首飾或其他的物品（調整手錶、拿鉛筆輕敲、查看手機）是種安撫動作。你常常能於等待工作面試的人或只是打發時間的人身上，看到此動作。這不同於「替代觸摸」（參見 # 291）。

268. 放置物品

我們可能在身邊周圍放置物品——不論是工作檯上的鉛筆和紙，或是掛在戲院椅背上的外套——為的是建立我

手與手指

們的領域範圍。放置物品，也代表我們對於對方並沒有太大的興趣或是這段關係遭遇困難。例如在餐廳裡，當事情一切進行順利時，我們一般會移開擋住同伴的物品，為了將對方看得更清楚；當事情進行不順利時，我們會在視線前方放置花瓶或飲料罐，當作橫越桌子的屏障。當對方邊說話邊移動物品時，這就特別能反映對方真實的感受。

269. 塔狀手

　　塔狀手的動作即是將雙手的指尖相抵，手指張開，形成塔狀，因此手指頭看起來就像教堂的尖塔。此動作是種各地皆同的自信表現，常見於身居領導地位的人身上。德國總理梅克爾就以常常做此動作聞名。但是請注意有自信不保證永遠正確，人們可能舉出的事實可能錯誤，但說話的模樣卻是有自信的。儘管如此，運用塔狀手說服他人，相信你對自己所想的或所說的深具信心時，相當有效果。

270. 調整過的塔狀手

　　調整後的塔狀手，指的是除了兩食指直立，指尖相抵之外，兩手的手指皆相互交叉。此動作看起來比一般的塔

狀手更加刻意；儘管如此，此動作仍代表篤定和自信。

271. 手放在準備／主動位置

　　雙手放在腹部前，約在腰部高度，兩手之間約相距三十六公分的距離，手指張開，掌心相對。講者常常在重要時刻為了吸引觀眾的注意力而做出此動作。這與手心向上的請求姿勢（rogatory position）不同（參見＃272）；這裡的雙手掌心相對，好像此人雙手抱著一個海灘球。這個有用的手勢，很適合收藏放入你的演講資料庫中。

272. 手掌向上

　　也稱為請求姿勢，這個姿勢是種代表謙卑、服從或合作的普遍動作，想要尋求接受或信任的人會做這個動作。將手掌向上的動作是種一般表達：「我沒有做壞事」、「我的手沒有藏東西」、「我懇求您」或「我任憑你處置」。此動作也用於宗教儀式，表示謙卑與虔誠。

手與手指

273. 手掌向下

　　手掌向下的動作，比起手掌向上的動作展示更多肯定

性。此動作可能是手掌向下放在桌子上，或是象徵性的在半空中做出這個動作。雙臂的距離愈遠（用雙手進行此動作），或雙手向下拍打的力道愈大，代表此人的態度愈堅定。像是「我沒做這件事」的肯定陳述，同時手掌用力向下拍桌子的話，一般而言愈有效力。說謊者很難做好此動作，一般來說他們做動作的樣子，看起來表現過度消極被動。

274. 手掌向下，手指張開

當一個人正式宣示，說出像是「我沒有做這件事」的話，加上掌心向下堅定放在桌上並且手指張開，這很可能是真實的回答。我從來都沒見過說謊的人成功做出這個動作，可能是因為頭腦負責思考的部分，並沒有與負責情緒的部分同步的關係。換句話說，他們知道該說的話——「我沒有做這件事」——但因為腦部負責情緒的部分，並沒有全力運作，所以他們並不知道該如何表演此動作。

275. 受限制的手

研究人員，特別是阿爾德特・弗瑞（Aldert Vrij）發

現，當人說謊的時候，手與腳部的動作一般會減少。這可以是很有力的動作標記，雖然這也可能只是代表害羞或不自在。這裡我們就能知道，人們平常的動作基準線有多重要。不論如何，這是需要留意的動作，但此動作並不等同於欺騙。

276. 扭絞雙手

雙手併在一起相互摩擦的動作，表達出憂慮、懷疑、焦慮或不安。壓力的程度，反應在雙手扭絞的緊度。手指或手上皮膚的紅色和白色斑點，代表升高的不自在程度。

277. 握住的手指

當我們第一次見到對方或感覺有點沒有安全感，我們一般會將手放在身體前方並輕握住手指，這是種自我安撫的觸覺動作。哈利王子以此動作聞名，但一般人也會在耐心排隊或與素未謀面的人說話時，做此動作。

278. 顫抖的雙手

當我們感到興奮或壓力時，我們的手可能會顫抖。當

然神經失調、神經疾病或藥物也會讓雙手顫抖，但大多數的情況下，當此發生在看起來相當健康的人身上，我們就應該注意。承受壓力的情況下，人們可能意外撞掉某些像是酒杯等物品，或是抖動他們手上的湯匙。手指和雙手，可能在我們經歷意外或得知可怕消息時顫抖。

279. 雙手當作定錨

這就是我們占有某物的動作，讓他人知道此物歸我們所有。此動作也會用於人身上，當我們與喜歡的人聊天，用手靠近對方當作定錨，因此其他人就會遠離這個人。此動作常見於酒吧或派對上——人們會繞著定錨點移動，好像永遠連結在一起，確保其他人不會闖入，這是宣示領域的動作。

280. 手伸到對方面前

此動作可能出現在爭論中最後的衝突點時。將舉起的手掌伸到對方面前就是在說停止、不要再向前進，或常見用語「別煩我」。此動作相當侮辱人，不該出現在友善人際溝通之中，當然也不該出現在商務場域。

281. 邊回答邊觸碰自己

注意一邊回答問題一邊用手勢安撫自己（任何用手碰觸或輕撫身體），而非用來加強說話重點的人。這幾年來我已經注意到，比起用手加強說話重點的人來說，這些用手碰觸自己的人比較沒自信。

282. 手指交叉（大拇指向上）

大拇指向上——說話時手指交叉而大拇指向上，代表自信。人們通常在大腿上或書桌、桌子上用手做出此動作；當他們真的要強調某點時，大拇指會向上舉起。這個動作很不固定，因為可能會隨著當下的情緒以及此人對自己說的話有多少肯定度而改變。

283. 手指交叉（大拇指向下）

大拇指向下——手指交纏，大拇指向下的動作，一般表示對討論的事物有較低的自信或負面情緒。當我們對說的話很有自信時，通常會不自覺地舉起大拇指。如同上面所說，這是個非常不固定的動作，一個人的大拇指可能在

對話中從舉起到向下，端看他們對主題真實的感受而定。

284. 大拇指按摩

　　大拇指按摩是種輕微的安撫動作。手指交叉而上方的大拇指重複摩擦下方的手指。我們通常會在等待某事發生的人身上看到這個動作，有時說話的人感到有些緊張或焦慮，也會做出這個動作。

285. 拇指旋動

　　旋動拇指是種消磨時光或處理少量壓力的方式，重複這個動作，自然會讓大腦感受到安撫的作用。

286. 收攏手指

　　當我們覺得擔心、訝異、自慚形穢、害怕或陷入困境，我們會不自覺地縮小手指間的距離。當我們極度擔心時，會彎曲收攏手指，這樣手指就不會突出。大腦的邊緣系統會確保我們遭遇威脅時，手指不會鬆開。

287. 大拇指外移

當我們覺得有自信，大拇指會移動離開食指。當雙手放在桌上時，很容易就能觀察到此動作。事實上，大拇指與食指間的距離，可以當作一個人自信程度的計量表。這也可能代表對於自己說的話的肯定程度：距離愈大，肯定度愈高。

288. 大拇指收攏

當我們覺得不安全或受到威脅，我們會不自覺地收起大拇指，將大拇指靠在其他手指旁邊或放入其他手指的下方。突然做這個動作代表對方感到憂慮、擔心或受到威脅。這是種生存戰術，類似狗的耳朵下垂，為了讓身形更貼近流線型，以防需要逃跑或打鬥的狀況出現。

289. 一般的展示大拇指

注意對方握著外套領子或褲帶時展示拇指的動作，我常常在法庭上看到律師做這個動作。如同其他展示拇指的動作，這通常代表此人對於自己的行為、思想或說的話很

有自信。

290. 大拇指向上 OK 符號

這當然在美國是非常正面的符號，代表所有事情都很好。在某個時期，這也被用來作為搭便車的動作。請注意像是在中東等地的文化中，高舉的拇指象徵陽具，應該避免此動作。

291. 替代碰觸

有時候在一段戀人關係的初期，我們會想要與對方有身體接觸，但覺得有點太快。於是將這樣的想法轉移到物品上。我們可能觸摸自己的手臂或是雙手重複地在玻璃杯上滑動。替代碰觸為某種潛意識的調情方式以及舒緩壓力的動作，有效代替我們渴求的碰觸。

292. 相互碰觸

當某人伸出手碰觸我們，而我們也以碰觸回應對方。這通常代表與對方之間的社交和諧與自在，因此當這樣的碰觸沒有相互回應，代表可能有問題。時常在工作關係

中，當某人即將遭到降級或解雇的前一天，上級將比較不會做出相互碰觸的動作，這也發生在約會情境中當分手即將發生之時。

293. 緊抓住家具

如果有人在陳述說明時，緊抓住椅子、書桌或講台的邊緣，此動作傳達懷疑和不安。有時在人們要簽下自己不願意認同的合約，但又一定要簽署時，我會見到此動作。身為觀察者，你應該總是要探詢，什麼樣的不安促使這樣的行為出現。

294. 依附動作

當孩童感受到壓力，為了尋求慰藉，會抓住最靠近自己的親屬的衣物。當身邊沒有父母或物品，他們也會抓住自己衣服，好像衣服是安撫巾一般──衣服實質上的確是如此。這樣的觸覺經驗，能夠帶來相當大的心理安撫作用。成人有時也會如此──也許當他們準備要接受工作面試或演講的時候。傑出的男高音盧奇亞諾・帕華洛帝在演唱時手上會抓著一條手帕，他在訪談中提到，這會帶給他

「安全感」與「慰藉」。

295. 用手加強重點

　　當我們覺得很自在，我們的雙手很自然地做出手勢，加強講話重點。在某些文化中，特別在地中海地區附近，人們常常運用手勢加強說話重點，而這些手勢的意義得視所處的情境而定。傑出的講者也會經常做手勢。研究人員告訴我們，當人們突然說謊時，一般做手勢的動作會減少——減少加強重點。如果雙手突然變得被動或不怎麼移動，對方很可能因為某些原因對自己說的話失去信心。

296. 比中指

　　心理學家的先驅保羅・艾克曼（Paul Ekman），是第一位注意到，心懷敵意的人會無意識地朝著對方「比中指」（不雅的手指，通常指的是中指或最長的手指，就像「X—娘！」），像用中指抓臉或身體，或只是用手指推眼鏡歸位的動作，這動作是潛意識的無禮表現。

297. 手指著對方

　　人們不喜歡有人用手指著自己，這幾乎是各地皆同的狀況。如果你必須用手指著對方的話，特別在工作或浪漫情境之中，請用整隻手所有手指一起，而非用單一手指著對方。指著物品時也適用此方法。當引導他人前往椅子的方向時，也請用整隻手，而非單一手指。

298. 用手指戳

　　用手指戳對方的胸口或臉，是種充滿高度敵意的動作，用於有問題時，單挑某人的動作。此動作加上實際的身體碰觸，更加具有威脅性。

299. 用手指當指揮棒

　　這動作是用食指隨著說話內容、語調抑揚頓挫或音樂旋律，跟著擺動打節奏的動作，此動作能加強對話中的重點。此動作常見於地中海國家，而有些人認為「晃動的」手指有冒犯對方的意思，這是因為他們不明白這動作具有的文化特色，這是用來加強說話重點，並不一定有敵意。

手與手指

300. 雙手作勢往外推

　　通常在人們進行公開演講時看到這動作。他們將雙手舉在身體前，掌心朝向聽眾並做出象徵推開聽眾的動作。此動作有其潛意識的負面意義，像是某人說：「我了解你們的感受」，但實際上卻做出「走開」的手勢。

301. 咬手指

　　咬指甲或咬角質層的動作，幫助紓解緊繃和焦慮。這動作表現出擔憂、缺乏自信或不安。甚至未曾咬指甲的人在經歷高度壓力的情況時，可能突然發現自己正在咬指甲。這個動作可能演變為病理性的動作，造成皮膚受傷甚至手指潰爛，損害周遭原本很健康皮膚組織或角質層等狀況。

302. 手指敲彈

　　在桌面或大腿上敲彈手指，消磨時間，如同其他的重複動作，具有安撫的作用。你在專業場域裡，會看到人們在等某人出現或等待某人講完話時，出現此動作。此動作

像是在說：「快點，我們快讓此事動作吧。」這類似於敲彈臉頰（參見＃170）。

303. 雙手放口袋

許多人一邊與他人說話，一邊將一隻或兩隻手放在口袋裡，覺得這樣很舒服。但是這樣的動作有時候被認為太隨意，在某些文化中，這動作被認為很無禮。該注意的是，有些人誤認雙手放口袋的動作很可疑或有騙人的可能。

304. 按摩握拳的手

用一手按摩握拳的另一手，是種自我克制與安撫的動作，此動作通常代表此人正經歷掙扎或擔憂，與內在感到非常緊張。你時常在撲克牌玩家和股票交易員身上看到，或是在各種靠運氣很快揭曉輸贏的場合也能見到。

305. 講者的握拳

有時見到講者在「闡述重點」時，會做出握拳動作。這很常見於激勵人心或充滿熱忱的講者。看到一個等待輪

到他演講的人，做出手握拳的動作，是比較不尋常的動作。這動作代表被壓抑的問題、克制力量或預期某種的肢體反應的出現。

306. 雙手摩擦掌心

雙手摩擦掌心的動作具有安撫的效果。當此動作不斷重複或力道加重，代表高度焦慮與擔憂。我們可能用手指腹摩擦同一手的掌心或另一隻手的掌心。

307. 手指伸直交叉，相互摩擦

人們感到憂慮、壓力、焦慮或恐懼時，可能會做出手指伸直交叉，相互來回摩擦。雙手手指來回移動舒緩緊繃，而交叉的手指能夠刺激到更大範圍。這是最能夠表示事情非常糟糕或是某人承受相當大的壓力。此動作通常只在事情特別糟糕時才會出現。在比較不糟糕的情況下，一般會扭轉雙手或來回摩擦，但不會交叉手指。這個動作特別之處在於，手指伸直並且交叉。

308. 手指交叉，掌心向上或向下

這個動作是手指交叉，掌心向上，手掌將手往臉部方向拉提，手肘向下，形成一個看起來有點奇怪的三角形。或是另一種掌心向下的動作，掌心保持向下，手指在鼠蹊部前面交叉，好像折手指關節。扭轉手臂和手指，對著雙手的肌肉、關節和肌腱施予壓力，有舒緩壓力的作用。我曾在一位青少年身上看到這個動作，他在這之前撞爛父母的車，當時正等著父母來接他。

309. 折手指關節

不同類型的折手指關節動作都是安撫動作。折手指關節的動作，對某些人來說似乎具有安撫焦慮的效果，因此當他們感到緊繃、緊張甚至無聊時，就會折手指。人們可能分次折每隻手指關節或一次折所有的手指關節，這個動作會隨著壓力升高而增加動作的頻率。

310. 折手指關節，手指交叉

雙手手指交叉，大拇指向下然後伸直手臂，直到手指

關節發出喀嚓聲的折手指動作。如同類似的扭轉動作,這代表高度的心理不適、壓力或焦慮。此動作包含雙重的安撫動作:手指交叉與折手指的動作。男人比較常做此動作。

311. 輕拍大腿側邊

當人們覺得不耐煩或變得惱怒,他們會用掌心輕拍(通常靠近口袋)大腿。在旅館等待入住登記的人身上,我很常看到這個動作。觸覺的本質和重複這個動作,既有分散注意力也有安撫的效果。

312. 整理外表

不只鳥類會整理外表。人類整理外表有許多表現的方式:調整領帶、調整手環、撫平襯衫上的皺褶、整理頭髮、補口紅、拔眉毛。當我們很在意外表是否看起來是最佳狀態的時後,我們就會整理外表。當我們見到感興趣的對象時,整理頭髮就是特別常見的動作。重複梳理頭髮的動作也會引起我們的注意。有趣的是陪審團走入法庭之際,律師做出簡單如拉一下外套的動作(一種整理外表的行為),陪審團成員會因此下意識認為他更討人喜愛。

313. 整理外表（輕視）

這是另一種整理外表的動作，目的是為了表示輕視或不尊重——幾乎與我剛才提到的意義相反。當對方跟你說話時，你做出挑起衣服上的棉線頭或頭髮，或清理指甲的動作，充其量表達不尊重對方，最糟糕的甚至是帶有輕視對方的意義。

314. 雙手放大腿，手肘外擴

坐著雙手放腿上，手肘外擴的動作，通常代表高度自信。這個動作會隨著人們說話而改變，我們能觀察到一個人自信程度的高低起伏。手肘外擴是種宣示領域的動作。

315. 屈起手指，彈指甲

當人們時常感到緊張、躁動不安或壓力，他們會屈起手指（通常只在一手）並且用指甲靠近拇指輕彈。他們可能只彈一隻手指或用不同的手指彈，這是種安撫自我的動作，可能對其他人來說很干擾也很吵。

316. 握手

　　握手是西方世界裡偏愛的歡迎動作，用在專業和個人場域皆適合。握手通常是你與對方之間的第一次身體接觸機會，以及你留給對方與對方留給你的第一印象，因此如何握手是很重要的。想一想你進行過多少次「糟糕」的握手（力道太用力、手太濕、手太柔軟、握手時間太長）。一次糟糕的握手經驗，會在我們的心裡留下很久的負面印象，並且使我們不願意再跟對方握手。應該記得，握手的習俗並不是各地皆同；在某些文化中，鞠躬或頰吻可能是更適合的歡迎動作。儘管如此，一個好的握手以良好的目光接觸開始，接著微笑，如果適合的話，然後伸出手臂，手肘微彎。靠近對方的手，手指向下指，兩手以同樣的力道緊握（沒有人會欣賞你能空手捏爆核桃的能力），兩手交握──這會促使釋放催產素荷爾蒙（加深社會連結）──並在一兩秒之後放開手。年紀較長的人握手力道較輕，而社會地位較高的人，決定彼此握手的時間長短與力道大小。

317. 呈上握手

　　某些文化中，大多出現在非洲地區，與敬重的對象或重要人物打招呼時，習慣伸出右手，外加左手扶住右手前臂的握手動作。手實際上被托著或供上，好似珍貴的東西，希冀對方能收下它，因此讓接受者感受到無比的榮幸。對於西方觀察者而言，此動作可能一開始看起來很怪異，但這是種尊敬與高度尊重的手勢，就應該如此接受它。

318. 印度式合掌打招呼

　　傳統印度的打招呼方式，為雙手放在胸前掌心合起，指尖向上，手肘外擴，有時伴隨稍微鞠躬，或帶著微笑身體前傾。此動作是種正式的打招呼方式——它某種意義上來說取代了握手——並且也能被當作說「再見」。此動作比起西方的握手動作帶有更深層的意義，因此必須要以尊敬之心看待。

手與手指

319. 牽手

　　牽手是人類天生的傾向；我們觀察到孩子在很小的時

候就會做這個動作，一開始跟父母牽手，後來則是跟玩伴牽手。在戀人關係中，牽手的頻率跟方式（不論是兩手緊握或是更加親密、刺激的交叉手指交握），可能代表一段伴侶關係的親密或認真程度。在世界上的某些區域，包括埃及、沙烏地阿拉伯和越南，男子們一起走路一邊牽手的情況很常見。

320. OK符號（確定的訊號）

當談及非常明確的事情，講者會將食指指尖緊貼大拇指，形成一個圓圈——這在美國稱作OK符號。這手勢在地中海各地非常常見，用來強調談話中特定的重點。在美國，我們也用這個手勢表達同意，或事情沒問題、一切OK。請注意在其他國家像是巴西，這個手勢可能被誤解為粗俗動作，暗指身體的孔洞。

321. 政客的大拇指

當政客在說話時，他們時常會將手臂朝著觀眾的方向延伸或舉在半空中，同時將大拇指按壓在屈起的食指上，為了強調某個明確、強勢的論點。基本上，這就是修正的

精細抓握。再者，跟其他國家相比，比較常在美國見到這個動作，因此這動作某種程度上與文化有關。比爾‧柯林頓與希拉蕊‧柯林頓、巴拉克‧歐巴馬以及加拿大總理賈斯汀‧杜魯道都以此動作聞名，而他們通常會在指出、強調特定重點時做這個動作。

322. 玩弄婚戒

玩弄手指上的婚戒，像是旋轉它或脫掉再戴上它等動作——是種用來鎮定情緒或消磨時間的重複動作。有些人宣稱這代表婚姻不幸福，但其實不是如此，這只是種自我安撫的重複動作。

323. 遠離目標物

當我們對某物或某人抱持負面看法，我們常常會下意識地嘗試拉開自己與該事物的距離。節食的人可能在晚餐時，將桌上的麵包籃推開到離自己一、二十公分的地方，或者如果他們不喜歡飲酒，甚至可能會要求撤掉桌上的空酒杯。我曾看過罪犯拒絕碰觸監視照片，或把照片推往桌子的另一邊，因為他們認出照片中的自己。這些都是需要

注意的重要行為，因為它們能告訴我們，對方目前心裡最在意的事情。

324. 不願用手掌碰觸

父母持續不願意用手掌碰觸孩子，代表有重大的問題——不論是對孩子漠不關心或其他形式的異常心理疏遠。當伴侶停止用手掌碰觸彼此，他們的關係很可能有問題（參見 # 260）。

325. 古怪的手臂與手部動作

有時候會遇到有人用手臂和手做出古怪動作，此人手臂和手的動作，可能與其他身體部位的動作不一致，也與此人身處的周遭環境失去連結。在這些例子中，我們能做的就是，了解這可能代表對方受到精神狀態或疾病的影響。如果有需要，認知與理解是提供幫助的關鍵，並且不要盯著對方看，好似觀看奇觀一般。

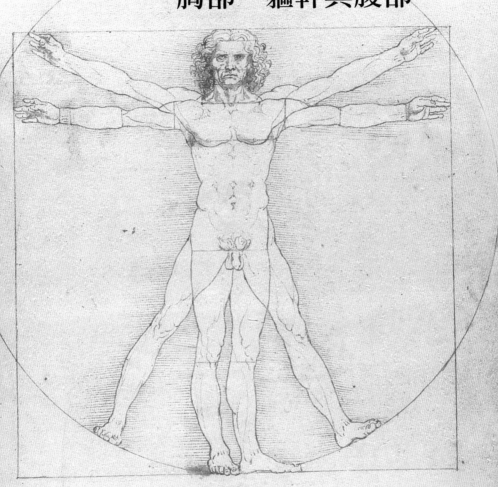

胸部、軀幹與腹部

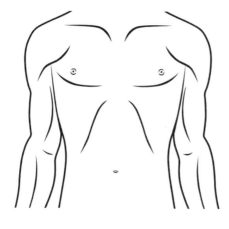

軀幹為身體重要器官所在之處，就質量而言為最大的身體部位，當我們受到威脅時，軀幹會是我們首先保護掩蓋的部位。軀幹是身體的告示牌，提供我們是誰、屬於哪個團體、我們的職業，甚至是身材的健美程度的線索（加上衣物的幫忙）。當然大部分身體的重要器官——包括心臟和肺臟——都位於軀幹。雖然在肢體研究的領域很少提及軀幹，但其實軀幹是很好收集資訊的地方，像是從人生選擇到感受的方式等。

326. 起伏的胸口，快速呼吸

　　胸口起伏、呼吸快速，通常代表壓力、焦慮、恐懼或憤怒。情境當然很重要，因為有許多因素會影響這個行為，包括年紀、最近的體力耗費、焦慮甚至是心臟病發，重要的是觀察並準備在需要的時候採取行動。

327. 快速又淺的呼吸

　　快速又淺的呼吸，通常代表恐懼或焦慮，甚至也許是恐慌症發作。注意一個人呼吸的淺度，以評估對方的焦慮程度。呼吸愈淺愈快，焦慮程度也就愈高。一個實用的方

法是請對方深呼吸，接著慢慢吐氣，愈慢愈好（每次三到五秒），接著再重複，這會幫助減緩呼吸的頻率。

328. 按壓胸口

緊繃情況中，人們會用大拇指和中指（有時是所有的手指）按壓自己的胸部／橫膈膜區域，為了舒緩突然高漲的壓力。自行施壓於太陽或腹腔神經叢（celiac plexus），此區域靠近胸部中央且充滿神經，這樣做似乎有安撫的效果。按壓力道視每人需求而不同，可能很輕或非常用力。很常看到人們得知可怕的消息時，會按壓自己的胸部。

329. 按摩鎖骨

壓力之下，人們會按摩另一側的鎖骨部分（例如將右手放在左側的鎖骨部位）。跨越身體中心的手臂提供了保護感，同時重複碰觸鎖骨的動作則安撫了自己。身體的這個區域對於碰觸非常敏感——這是它被認為是性敏感區域的原因之一。

330. 重複用手刮胸口

用大拇指和手指像耙子一樣，來回重複按摩胸口上方區域的動作，通常代表不安、憂慮或有問題。這個動作是種極為可靠的焦慮，甚至是即將出現的恐慌症指標。此動作的特點在於，將曲起的手指當作爪子或耙子進行動作，而非用整個手掌做動作。

331. 手掌置於胸口

許多文化中，人們與他人見面時，將手掌置於胸口上表達真誠和善意的動作。在我的經驗中，誠實的人和騙子都會做這個動作，因此我們應該視此動作為中性動作。此動作既不是誠實也非真誠的證據，雖然它可能被當作如此的意義。在調查場景中，如果有人說：「我沒有做這件事。」同時將手放在胸口上，我們不該認為這個動作有重要意義或價值，不論這個動作表現的多好。雖然是這樣說，但我這些年以來也注意到，真誠的人一般按壓的力道會比較大，指距張得更開，並且整個手掌貼在胸口，而那些試著要欺騙他人的人，一般主要用指尖碰觸胸口，並且

力道不大。然而沒有單一個動作能代表欺騙,而這個動作當然不是。應該再做出對此人誠實或真誠與否的結論前,僅是審視這個動作,以及在其他動作之中此動作表現的方式。

332. 撩起衣物散熱

撩起襯衫或其他衣物的正面,提供穿衣者散熱的作用。不論是將衣領拉開遠離脖子幾秒鐘,或是重複抓著並拉開領口的動作,這個動作提供舒緩壓力的作用,這與其他大多數的散熱動作一樣。這是代表某事出錯的好指標。在炎熱的環境中,散熱動作可能顯然只與高溫有關,而非壓力。但是請記住壓力會使體溫升高,而且這過程發生的很快速,這也解釋了為什麼人們遇到困難或煩人的會議時會做出散熱動作。請注意女性常常拉著服裝正面上方和腹部部分。在調查場景裡同等重要的是,人們聽到問題或回答問題之後做出散熱的動作。最大可能原因是他們不喜歡這個問題。

333. 玩弄拉鏈

　　身處緊張或緊繃情緒之下，玩弄在運動外套和夾克上的拉鏈，是種安撫自己的方式。學生如果感到擔憂，可能在考試前做出這個動作，而且撲克牌玩家可能擔心資金的損失而做出這個動作。請注意這是種安撫動作，也是排遣無聊的動作。

334. 挪開身體

　　挪開身體遠離某人是種疏離的方式。當坐在我們旁邊的人說了一些令人反感的話，我們可能會稍微將身體移動遠離對方。常常能在談話節目上看到這種動作。當我們感覺對方很討厭，很少會注意到自己挪開身體遠離對方的距離。

335. 移動身體向後仰

　　在桌子後面將椅子推開且身體向後移動，基本上是種疏離的動作，這樣能夠提供額外的間隔距離，讓人能思考和沉思。尚未被說服或依舊在考慮的人，時常會稍微移開

身體，等到準備要加入時，才會接著將身體再次移動向前坐。對某些人而言，這是種表達他們暫時離開幾分鐘思考事情，這時他的臉部表情則有助於判讀，又或者當他們決定無法支持所談的事情，因此移動身體遠離的動作，則已表達他們的感受。

336. 移動身體向前傾

當我們準備用誠意協商或妥協時，我們一般會從身體向後傾變成身體向前傾的坐姿。這常常表達我們已經下定決心向前邁進。當我們坐在很窄的小桌子或書桌時，必須要謹慎小心，身體不要過度向前傾，而嚇到協調的另一方。如果是團隊協商的情況，請注意讓每個人的坐姿一致，直到適當時機才能公布願意妥協的訊息，不要因為團隊中的某位成員坐姿向前傾，而洩漏急著想要妥協的訊息。

337. 轉身／腹面否定

我們的腹側或肚子是身體中最脆弱的部分。當我們不喜歡對方，對方讓我們覺得不自在，或我們不喜歡對方說

的話，當你見到不怎麼喜歡的人，也許你的臉部打招呼表情很友善，但你的肚子會不自覺地移動──稱為腹面否定（ventral denial）──本質上就是用你最脆弱的腹側否定對方。如果出現難聽的話，就算是朋友之間也會出現此動作。這是記住這個動作的好口號：「腹部轉身代表不想留你；腹部轉身代表不喜歡你說的話。」

338. 肚子／腹面展示

當我們喜歡對方時，我們會將肚子或腹側轉向朝著對方。甚至會在嬰兒身上看到這個動作。此動作代表此人覺得有趣和自在舒服。當我們坐著見到某人時，如果我們喜歡對方，隨著時間過去，我們也會逐漸對著對方展現我們的肩膀和軀幹。總括來說，我們透過腹面展示顯露我們對於對方愈來愈感興趣。

339. 肚子／蓋起腹部

突然用皮包或書包等物品將肚子蓋起來的動作，意謂著對於當下討論的事情感到不安全或不自在。當感受威脅或覺得脆弱，人們會使用所有東西，從枕頭（夫妻在家吵

架）到寵物，甚至膝蓋，以保護自己的腹側。

340. 姿勢模仿（鏡像）

　　遇到相處自在的對象，我們的軀幹一般會模仿對方的動作；這稱作擬態（isopraxis）。跟朋友站在一起時，人們可能發現自己模仿起對方的輕鬆自在的姿勢，這代表彼此相處放鬆自在的正面信號。在約會的場景中，會見到有一方身體向前傾，而另一方如果感到自在舒服也會模仿對方向前傾的動作。鏡像意謂著談話、心情或氣氛充滿一致同意。

341. 僵直的坐姿

　　一個人如果維持很長一段時間的僵直坐姿，代表此人正感受到壓力，這是僵直反應的一部分，常常能在調查場合、警察盤問和提供證詞時見到，而人們極度害怕時，就會無法移動。僵直反應是在無意識的情況下發生，好似此人剛遭遇一頭獅子。僵直坐姿不代表欺騙，而是精神不自在的指標。

342. 彈射椅效應

　　當處於一場壓力很大的訪談或面對指控，人們可能坐在椅子上，好似準備由軍機彈射出去，緊緊抓住椅子扶手。這也是僵直反應的一部分，代表重度擔憂或覺得受到威脅。這個動作的特點在於，做動作者看起來僵直的程度，好似為了寶貴的生命而緊抓不放。

343. 移動椅子遠離

　　這是種疏離的形式，在身體向後傾遠離他人仍不夠時出現。此人實際上移動椅子向後遠離或離開，好似沒有人會注意到一般。我曾在激烈交鋒的學術討論場合中，看到一位教授離開桌子移動到室內靠近窗子的角落——乍看這動作很稀鬆平常，實際卻是發自於潛意識層面，透過遠離可預見的威脅，藉此用以保護腹側——即使威脅指的是文字或想法。

344. 低頭垂肩

　　低頭垂肩的動作表現出放鬆或漠不關心的態度，端看

場合而定，這是種青少年常用於應付父母的認知管理技巧，代表他們不在乎。在任何正式的職業場合中，應該避免低頭垂肩的動作。

345. 彎腰向前

處在情緒混亂狀態的人，可能出現下半身坐或站著，但上半身向前彎曲的動作，好像正感到肚子不舒服一樣。一般人通常會用手臂交叉環繞腹部。我們會在醫院或人們接獲特別是不好或令人難過的消息時等場合，看到這個動作。

346. 胎兒姿勢

處在極端心理壓力之下，人們可能進入胎兒姿勢的狀態。這可能出現在情侶、夫妻之間激烈吵架時，當一方覺得情緒強烈到難以承受，就會膝蓋蜷曲貼近腹部，雙手抱膝呈現胎兒姿勢——靜默地——消化壓力。他也可能拿著枕頭或其他的物品，靠在腹部與大腿之間（參見＃339）。

347. 身體涼意

壓力可能造成人們即使是在溫度舒適的環境中，感受到涼意。這是種自主反應，當我們受到威脅、壓力或焦慮時，血液會流向較大塊的肌肉，遠離皮膚，讓我們準備逃跑或戰鬥。

348. 軀幹穿著

我們的軀幹展示了身上大部分的衣服，因此很重要的說明是，衣服能表達並給予穿衣者某些優勢。衣服常常能作為文化中表現地位的方式。從衣服的品牌到顏色，衣服能改變我們被看待的方式。衣服能讓我們看起來更加溫順或更具權威性，抑或是能夠驅策我們達成想要做的工作。衣服也能夠表達我們來自於何方甚至我們要去何地，以及我們可能有什麼問題。每個經過研究的每種文化中，衣服都扮演重要的角色。這也是我們評估他人、用以解讀對方傳達與自身相關的訊息時，必定得納入考量的事物之一。

349. 懷孕時覆蓋肚子

　　女性感覺擔憂或不安時，常常會用手覆蓋胸骨上切跡或喉嚨等地方。但是女性懷孕時會常常舉手，好像要移動到喉嚨但卻快速移動覆蓋在肚子上，顯然是要保護胎兒。

350. 摩擦肚子

　　懷孕婦女時常會重複摩擦肚子，應付不自在感，但也是下意識地要保護胎兒。因為這是種重複的觸感動作，摩擦肚子也是安撫動作，有些研究人員說，此動作甚至能幫助釋放催產素進入血液循環中。

臀部、屁股和生殖器

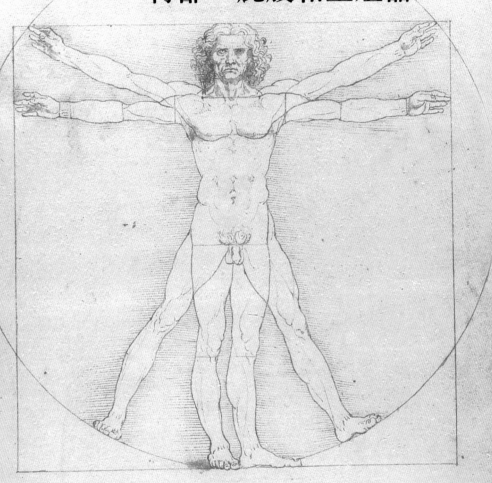

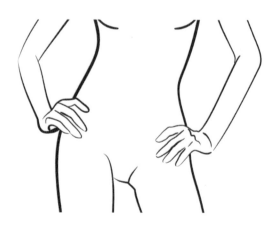

一本肢體語言指南，必定會包含肚臍以下到雙腿之上的部位。我們的臀部角度位置，剛好讓我們能用雙腿快速行走或奔跑，支撐我們形體與外表，但它們也透露我們的資訊——不論是我們的生殖健康狀況或是性慾。著名的動物學家德斯蒙德・莫利斯（Desmond Morris）在《男人女人身體觀察》（*Bodywatching*）一書中指出，臀部與屁股在世界各地皆當作吸引和誘惑的部位。「霍勒費爾斯的維納斯」（the Venus of Hohle Fels）是有史以來發現最早的女性雕像，約有三萬五千年的歷史，此雕像是女性身體的傑作，強調女性臀部、外陰部以及屁股。世界各地皆有發現類似的小雕像，這說明了我們天性使然受到這個身體部位的吸引。這裡提供機會，給我們越過顯而易見的事物，探索此部位能對我們表達的訊息。

351. 扭動臀部／屁股

　　轉動臀部或扭動屁股是種應付壓力、無聊或在同位置久坐疲累的方式。人們也可能在激烈爭辯中做出此動作，可能出現在情緒高漲時或是爭辯之後，當作冷靜的過程。在一段關係的初期，很少看到此動作出現在情侶、夫妻身

臀部、屁股和生殖器

上；未來如果有問題得要討論時，一般會出現此動作。

352. 摩擦臀部

承受壓力的人，會摩擦臀部和雙腿的兩側。感覺緊張時，此動作也用來擦乾流汗的雙手。我們會在準備考試的學生或準備通過海關的旅客身上，看到此動作。

353. 臀部和軀幹前後晃動

遭受精神壓迫的人，可能會做出坐著卻前後晃動臀部的動作。像是親眼目睹所愛之人的死亡等極端壓力，將會誘發這個動作，利用重複動作安撫自己。我們也可能在患有某種心理疾病──像是泛自閉症的患者身上，看到這個動作。

354. 左右搖擺臀部

覺得無聊時，可能發現自己站著並左右搖晃，像是輕輕搖晃嬰兒睡覺一樣。搖擺臀部會造成內耳裡的液體與毛髮移動，而這種感覺非常具有安撫作用。此動作不同於臀部和軀幹晃動（參見＃353），因為後者為前後晃動。

355. 展示突出的臀部

　　男人與女人都會運用臀部博得注意，如同著名的米開朗基羅的大衛像，雕像的對立式平衡站姿，一腳微彎，使屁股較為突出，因此更加吸引人。較大的臀部也是種獲得注意力的方式——金·卡戴珊（Kim Kardashian）（編註：美國電視名人）經常以展示臀部獲得注意力為傲。展示突出的臀部通常能在求偶行為中見到，用來引起注意。在世界各地的許多文化中，臀部代表青春與生殖力，特別在求偶時期會顯著展示臀部。

356. 碰觸生殖器

　　老師常常會提到，年輕男孩會透過衣物觸摸或拉扯自己的生殖器，有時女孩也會這樣做。這是很自然的動作；生殖器官部位有數量驚人的神經末端，觸摸此區域不但能夠安撫孩童或讓孩童冷靜，也會產生舒服感。孩子長大後最終會對此動作失去興趣，這不是什麼不尋常的動作，也非特別需要關注的行為。

臀部、屁股和生殖器

357. 握住鼠蹊部

這個動作因為麥可‧傑克遜的舞蹈而變得出名，當這個動作首次演出時，嚇到許多觀眾，但這個動作在現今則在演藝人員身上十分常見。有許多理論試圖解釋，為什麼某些男性會做這個動作：為了獲得注意、當作男子氣概的展示，或只是為了舒適而調整。對於成年男子重複做這個動作，有某些女性曾跟我提過，在辦公室等近距離的場合中看見做此動作，則會令人感到相當不舒服，應該避免在公共場合裡出現此動作。

358. 框住生殖器

電影或照片中的牛仔常常做此動作，此動作中，男子將大拇指放在褲子口袋中或勾住皮帶，而其他手指則放在鼠蹊部兩側框住生殖器，用來獲得注意並且當作男子氣概的展示。做此動作時，手肘通常會向外推，使得此人看起來更巨大、更強悍。

359. 蓋住生殖器

　　我們可能會在某些場合中，用雙手蓋住生殖器或鼠蹊部——例如在電梯中，男性可能會盯著樓層數字或電梯門，同時做這個動作。這個動作對於應付社交焦慮很有效，或見於有人站得太靠近自己的時候。

360. 坐著雙腳張開

　　時常被稱作「男性開腿」（"manspreading"），此動作時常出現在大眾交通運輸工具上，男性呈坐姿，打開雙腳膝蓋。因為此動作會占去許多空間、大喇喇地展示大腿內側和鼠蹊部，因此被視為不禮貌而又自私的動作。

臀部、屁股
和生殖器

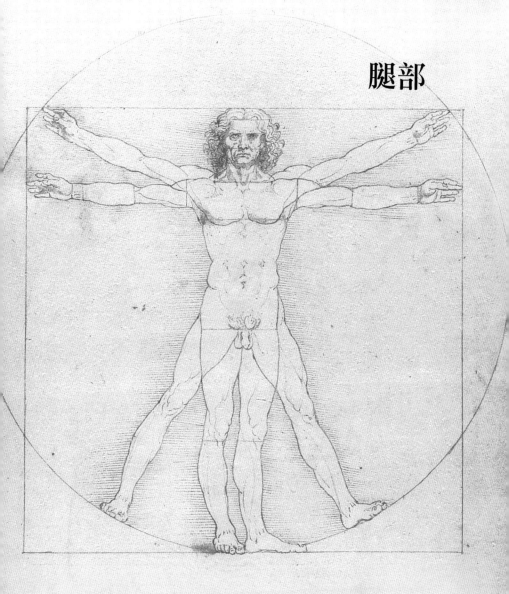

我們的雙腿向內對著臀部，讓我們能夠行走、跑步、衝刺、攀爬、踢腿、游泳以及騎腳踏車，因此我們的雙腿在動物王國裡獨一無二。我們運用雙腿移動、保護、建立支配性，並且也是孩子緊張或害羞時，當作固定支撐的雙錨。雙腿有很多種類，像是強壯的腿、長腿或短小結實的腿等，如同它們的主人一般。談及肢體語言時，雙腿時常被忽略，其實它們能表達一切，像是優雅、緊張到喜悅等。因為我們的雙腿也是求生工具——雙腿能幫助我們逃跑——談到我們對於其他人的看法，雙腿可是非常誠實的。

361. 空間距離

人類學家愛德華・霍爾（Edward T. Hall）創造出空間關係學（proxemics）一詞，以描述所有動物需要的個體空間。如果有人站得太靠近，我們會覺得不舒服。我們的空間需求，根據文化和個人偏好而有所不同。大多數的美國人覺得在公共空間裡，彼此相距三到八公尺是舒服的距離；在社會空間裡則是一到三公尺；而讓我們感到舒適自在的個人空間約是半公尺到一公尺。談到我們的親密空

腿部

間，則約少於半公尺，我們會很敏感意識到誰離我們多近。這些距離當然只是粗略估計，因為不同的人、文化、國籍、地點，甚至每日不同的時段，對於空間距離感受有所不同。在晚上時，當陌生人走近距離我們少於三公尺，我們可能會覺得不自在。

362. 領域站姿

我們運用雙腿的站姿，成為一種宣示領域的形式。我們的雙腿分得愈開，宣示領域的意味愈濃厚。一個人的站姿寬度，透露出內心的想法：軍人與警察一般站姿雙腳張開的距離，遠大於會計師與工程師一般的站姿。雙腿張開的程度，清楚傳遞了自信感以及潛意識的領域占領。

363. 領域挑戰

激烈的爭論中，對方可能刻意入侵你的個人空間，距離你的臉只有幾公分的距離（就像「在你面前」），從鼻腔對著你吐氣，並且惡狠狠地瞪著你。這樣入侵空間的動作，帶有威嚇的作用，也可能是肢體衝突的前奏。

364. 斜向側邊

　　大多數人喜歡以些微傾斜的角度，對著其他人說話，而非直接面對面地朝著對方。當孩子首次見面時，通常會以形成角度的方式靠近彼此，有其原由──他們會比較受歡迎。我發現商務人士彼此以形成角度的方位站著，他們交談的時間會拉長。請注意，如果兩人之間有爭論，最好的方式，是以偏斜形成角度的方式稍微遠離對方，因為這樣能幫助負面情緒的消散。

365. 行走動作

　　走路的方式傳達很多訊息。有些人行走的動作刻意表現性感（例如瑪麗蓮‧夢露走路的方式），而其他人行走的動作，表現力量與決心（約翰‧韋恩的走路方式）。有些人行走的動作，告訴我們他正在進行一項重要的任務，而其他人行走的動作，則是表現出放鬆、休閒，或意圖引起某人的注意，像是約翰‧屈伏塔在《週末夜狂熱》（*Saturday Night Fever*）電影片頭中，扮演的角色行走的模樣，就是如此。不只是我們行走的方式，有時我們利用

腿部

行走經過的方式，看清楚對方或讓對方注意到自己，而此動作的頻率表達我們對於他人的關注。

366. 決定行走步伐速度

決定團體行走步伐速度的人，不論此人是誰通常都是領導者。我們的步伐速度，會為了年長者或團體領導者而加快或慢下來。將行走步伐放慢，以配合社交群體中最重要的人，甚至連青少年也會這樣做。這也可能意謂著走在群體中最後面的一位是領導者，而且他決定了群體行走步伐速度，而不會走過快。分析群體時請記得：決定群體行走步伐速度的人才是領導者，而非走在最前面的人。

367. 坐下動作

每個文化的坐姿皆不同。在亞洲的部分地區，人們等公車時，採蹲坐的方式，屁股低而膝蓋高。在其他的文化中，人們坐下時雙腳盤腿，如同甘地在操作織布機時的坐姿。在歐洲和其他地方，人們常常坐下時一腳搭放在另一腳的膝蓋上，讓鞋底因此朝下。在美國能看到各種坐姿的組合，包括腳踝放在另一腳的膝蓋之上，明顯翹高腳掌。

談及坐下動作時，重要的是遵從當地的習俗以及招待你的主人的習慣。

368. 雙腿併攏坐著

我們的坐姿時常透露了我們的自信程度。突然併攏的雙腳，代表著不安。當然我們的坐姿有部分與文化相關，但某些人確實會照著自己的情緒感受而移動雙腳，透露出他們自信的程度。請記著許多地方的女性，坐下時會因為社會習俗而併攏雙膝。

369. 雙腿打開坐著

在面談或對話中突然打開雙腿的動作，代表較多的自在感或自信感。這是個各地皆同的宣示領域動作；雙腿距離愈遠，占領的地域愈多。此動作較常出現在男性身上。

370. 腳踝交叉

坐著時，特別在正式場合中，人們常常會將腳踝併攏後交叉。我會尋找在討論有爭議性或困難問題時，突然做此動作的人；此動作通常代表此人正克制自己，表達保留

或表示遲疑或心理不自在。

371. 腳踝交叉，扣著椅腳

不安、恐懼或焦慮，會使得某些人突然將腳踝繞著椅腳交叉。當然有些人習慣這樣坐。但是，在提出問題後或討論敏感問題時，突然將腳踝交扣著椅腳是種強烈指標，代表某事不對勁，這是靜止／自我克制反應的一部分。

372. 雙膝併攏，身體向後仰

緊緊併攏的雙膝，代表此人正自我克制中。我們常常能在緊張的面試工作者身上看到此舉動。雙腳踏地，雙膝緊緊併攏，並且因為壓力的關係，此人身體會十分僵直地向後仰。

373. 雙膝併攏，身體向前傾

當我們坐著時做此動作，雙手放在膝蓋上，身體向前傾，這通常代表我們準備要離開。我們的雙腳時常會擺出一前一後的姿勢。除非你是會議中最資深的人員，請不要在會議中做出此動作；這代表你想要離開，而此動作對於

會議主持人或上司來說是相當不禮貌的。

374. 坐著翹腳當作屏障

　　坐著時，用翹起腳的方式當作屏障——一腳膝蓋放在另一腿的上方——代表有問題、保留或社交不自在感。不論是在家或工作中，此動作精確反映對方的感受。當提起令人不自在的話題時，你常常會在此時看到出現此動作。

375. 雙腿靠在物體上

　　覺得自信或優越的人，會下意識地將腳放在桌子、椅子或物體上——甚至是其他人身上——當作宣示占領領域。有些老闆經常做此動作：坐在椅子上而雙腿放在另一張椅子上面。

376. 摩擦大腿

　　當我們處在壓力很大的狀態下時，摩擦股四頭肌（quadriceps）的上方——此動作又稱為刷大腿的人（leg cleaner）——有著安撫自我的效用。此動作通常發生在桌子下，因此很容易忽略。

腿部

377. 摩擦膝蓋

當人們感受到壓力或期待令人興奮的事情發生時，我們會看見他們重複用手抓或摩擦膝蓋上方部位。就跟大多數的重複動作一樣，此動作有著安撫作用，減輕刺激或緊繃感。

378. 抓膝蓋

緊繃情況中常見人們抓腳踝的動作，它同時能舒緩壓力也能讓皮膚通風。我們常常能在像是涉及大筆籌碼的撲克牌遊戲等高風險的情況，或是在調查訪談中面對困難問題時，見到此動作。

379. 彎曲膝蓋

此動作指的是站立著卻很快往前彎曲膝蓋，因此讓此人看起來相當明顯的向下沉。通常此人會很快地恢復站立姿勢。這是很幼稚的動作，幾乎就像要開始爆發脾氣。我曾在租車公司的櫃台，看到當成年男性被告知無法提供所要求的車輛時，做出此動作。

380. 拖著腳

　　常常看到孩童在講話或等待他人時，來回拖著腳，這是種幫助他們冷靜或消磨無聊時間的重複動作。成年人可能在等待他人到來時做這個動作。此動作用來掩蓋焦慮，並且沒什麼約會經驗又害羞的人們，常會在初次約會時做這個動作。

381. 抖動腳踝

　　有些人坐著的時候，會重複向側邊轉動或抖動他們的腳踝，展現慌亂不安、躁動、敵意或惱怒，這會非常明顯，因為搖晃引起整個身體移動。

382. 膝蓋高度自我擁抱

　　時常見到青少年將膝蓋挪到胸部高度，抱著自己的雙腿。這是非常舒服的動作，能幫助他們享受此刻聽音樂或幫助他們處理情緒。

383. 站著雙腳交扣（舒適）

當我們獨處或覺得身旁的人讓自己感到舒適自在，我們站著的雙腳會做出交叉的動作。某人稍微引起我們心裡不舒服，我們會分開交叉的雙腿，預防我們需要快速遠離冒犯者或保護自己不受冒犯者的傷害。你可能會在電梯中注意到此動作：當一個獨自搭電梯的人，遇到有陌生人進入電梯時，他可能會分開交叉的雙腿。

384. 坐著踢腳

坐著翹腳，放在膝蓋上的腳，在聽到提出的問題之後，從搖晃或抖動（重複動作）到突然上下踢腳，代表對於聽到的問題感到十分不自在。這不是種安撫動作，除非此人總是做此動作。這是種踢掉討人厭事物的潛意識動作。回應問題或陳述時，突然踢腳的動作，通常都與強烈的負面情緒相關。

385. 跳躍（喜悅）

正向情緒，造成這個世界各地皆可見到的抗地心引力

動作。當靈長類知道即將能飽餐一頓，牠們也會像人類一樣因喜悅而跳躍。我們的邊緣系統，也就是大腦的情緒中心，會自動引導產生此動作，這也是為什麼球員得分時，所有觀眾不需要教導就會一起跳躍的原因。

386. 不合作的雙腿和雙腳

孩童和大人有時會用腿抗議，像是用拖著雙腿、踢腳、扭動雙腿，或是放癱軟雙腿，讓自己變成難以搬動的沉重物。孩童在拒絕前往不想去的地方時，會做這個動作，而你會看到在成人和平抵抗逮捕時做出同樣的動作，他們的雙腿完全清楚展現他們對事物的真實感受。

387. 失去平衡

有大量的身體病況，可能引發失去平衡的狀況，包括低血壓或簡單如太快站起來等。藥物和酒精也可能是原因之一。年齡也是考量因素。當我們見到某人突然失去平衡，我們第一直覺一定想著可能幫忙的方式。該注意的是，當老人家跌倒時，可能因為骨頭脆弱而有災難性的後果，因此需要立即協助。

腿部

雙腳

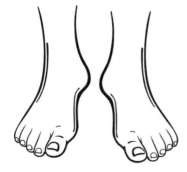

花費數十年解剖分析與研究人類身體後，李奧納多‧達文西說：「人類的雙腳是工程傑作也是藝術品。」雖然雙腳與其他身體部位相形之下較小，但雙腳承載我們身體的所有重量，並且對於感知動作、震動、高溫、寒冷與濕度來說極其重要。雙腳承受的壓力，比起身體任何部位還來得重，而且我們還用很緊的鞋子和無止境的旅程來懲罰雙腳。雙腳對於些微碰觸相當敏感，因此可以是性感的──但雙腳也能夠做出空手道的踢擊動作打破磚頭。如同其他身體部位，雙腳精巧地執行預定的工作，保持我們的平衡，讓我們能夠行走和攀爬，但它們也能表達我們的感受和意圖以及恐懼。

388. 僵直不動的雙腳

雙腳突然「平放」並且停止動作，代表擔憂或不安全感。當我們遭受威脅或擔心時，一般會暫停動作，這是讓掠食者不會注意到我們的演化反應。

389. 退縮的雙腳

工作面試時，有些應徵者被問到不喜歡的敏感問題

時，可能會突然縮起腳接著將腳移到椅子底下。此動作有時相當明顯，常出現在像是「是否曾被解雇？」等難以回答的問題之後。在家中，青少年被問及前一夜去哪裡時，可能會做出此動作。

390. 碰腳調情

　　喜歡對方時，我們的雙腳會朝向對方，我們的腳可能會下意識地朝向對方的腳移動，讓彼此的雙腳接觸。這也是為什麼在一段戀情的初期，會見到雙方在桌底下碰腳調情的原因。這樣有趣碰觸的重要角色，在於將我們與他人連結。就神經系統上來說，當我們的雙腳接受碰觸時，此動作會在大腦頂葉部位（parietal lobe）的感覺區留下記錄，此區域也靠近生殖器官收到刺激時留下紀錄之處。

391. 搖動的腳

　　這是另一種用來安撫自我的重複動作。當我們在等待他人、急著出發時，可能會做這個動作──動作從腳踝到腳趾來回搖動。我們向前搖動的動作使我們抬高腳，因此這也是某種抗地心引力的動作。搖動的腳可以緩解無聊，

也代表此人正掌控一切的動作。

392. 單腳轉向

當我們正跟某人交談時，我們可能藉著慢慢或突然將一隻腳指向門的動作，示意我們需要離開。這是肢體語言上表達「我必須要離開了」的方式。它是種意向性線索，而如果談話的對方忽略了此訊號，我們可能會覺得很煩躁。請留意他人並了解對方的腳轉向時，很可能是他們想離開的訊號。

393. 雙腳轉向

當在場人士有我們不喜歡的人時，我們的雙腳通常會一同轉向門的方向或避開對方。我多年來觀察陪審團的心得，注意到陪審團成員常常在不喜歡的證人或律師開始說話的同時，將雙腳轉向陪審團評議室的方向。在派對上，你可能會見到兩個人看著彼此，甚至露出禮貌性的微笑，但同時兩人的腳皆轉向離開對方，這表示他們彼此不喜歡對方。

394. 腳趾向內彎／內八字腳

有些人在感到不安全、害羞或內向，或覺得特別脆弱時，就會將腳趾向內彎曲（有時稱作「內八字腳」）。此動作通常見於孩童身上，但有時成人也會做此動作，其意義代表某種情感需求或焦慮。

395. 腳趾向上翹

人們有時沉浸於談話中，不論是親自見面或透過電話，你會看到某隻腳的腳後跟緊貼地，腳趾卻向上翹起。這是種對抗地心引力的動作，通常與正向情緒相關。當好友彼此巧遇，你會看到他們邊談話邊做出此動作。

396. 露出腳底

在世界上很多地方，特別像是中東、非洲以及部分亞洲地方，露出腳底或鞋底是很無禮的動作。外出旅行時，請小心你的坐姿——將腳踝放在另一腳的膝蓋上會露出腳底。通常比較偏好的動作是將兩腳放在地上，或是將一隻腳疊放在另一腳的膝蓋上，讓腳底朝向地面。

397. 跳躍的快樂腳

我們有時會以「快樂腳」表達高亢的情緒——具有活力、跳躍的雙腳。這動作很常見於孩童,例如你跟孩子說要帶他們去主題樂園的時候。但我們也會在成人身上看到,像是撲克牌玩家拿到一手極佳的好牌時,雙腳產生可能會在桌底下跳躍。雙腳可能不一定看的到,但雙腳的動作,可能會引起從下一直往上到肩膀的衣物擺動或抖動。

398. 腳打拍子

這是用來消磨時間、跟著音樂打拍子或像是撥弄手指的動作一樣的熟悉動作,代表我們變得愈來愈沒耐心。通常只有腳的前半部進行此動作,而腳跟保持貼近地面,但也可能腳跟跟著一起做動作。

399. 擺動腳趾

是否曾經發現自己擺動著腳趾呢?很可能當時你覺得很開心、興奮或熱切期待某件事情的到來。腳趾的動作刺激,能夠幫助緩解無聊或壓力的神經,並且此動作跟快樂

腳一般，代表令人興奮的事情。

400. 煩躁的雙腳

每位父母都能認出，小孩因為想要離開餐桌去玩耍的煩躁雙腳。我們的雙腳時常會透過許多不自在的動作，透露出我們想離開的欲望，甚至在都是成人的會議室裡也是如此。這些動作可能包括重複移動、左右移動、腳縮起來，或重複提起和放下腳後跟。

401. 緊張的踱步

許多人壓力很大時會來回踱步，此動作與很多重複動作一樣是種安撫動作。

402. 代表欲望的腿

我們的雙腿常常表達我們想靠近某物或人的想法。雙腿和腳會受到商店櫥窗裡展示的東西或我們感興趣的人所吸引。或是我們可能上半身向後仰，好像要離開的模樣，但我們的雙腿依舊不動留在原地，因為我們想要留在喜歡的人身邊。

403. 鬧脾氣的腿

雙腳扭動、移動與大力跺腳，此動作常見於孩童身上，為了讓大家知道他們的感受。不僅孩童會做此動作，有時也會看到成人做同樣的動作，有次我看到一位公司經理被請下班機時做出此動作。這也提醒了我們雙腿能表達情緒，也因為有著身體最大的肌肉群，做出的動作能表現最大效果。

404. 跺腳

孩童不是唯一會以跺腳表達情緒的人。我們常常會在覺得惱怒或耐性到達臨界點的人們身上，看到此動作。我觀察到男性與女性皆會在移動速度很慢的隊伍中，做出跺腳的動作。通常跺腳的動作只會出現一次，只是為了得到關注。

405. 拉開襪子

壓力會導致皮膚溫度快速升高。對許多人來說，雙腳以及下半腿的溫度溫暖得令人不舒服。當承受壓力時，人

們會拉開襪子讓腳踝通風，有時會重複做此動作。這是常見卻不容易被注意到的動作，代表高度的心理不自在。

406. 提鞋來回擺動

有些人在他人身旁覺得自在時，會將鞋子鬆開，掛在腳背上來回晃動，此動作常見於約會情境。原本鬆開的鞋子，會在女性覺得不自在或不再喜歡對方說的話時，移回原本的位置。

407. 煩躁的腳與腿

處於煩躁狀態的人，雙腳可能焦躁不安地移動或踱步，明顯沒有目的地來回跑。這可能是因為可診斷的情況，像是對藥物的過敏反應、違法藥物的使用、悲劇性事件後的驚愕或恐慌症發作等。同時，他們可能表現出緊握的拳頭、躁動的雙手、咬嘴唇甚至眼睛顫動。一般的煩躁狀態是種肢體訊號，代表某事不對勁，而此人正努力應付處理此事，這可能需要醫療協助或心理諮商。不要期待正經歷煩躁狀態的人，能夠在當下有條理的說話或思考。

結論

　　希望這本書能打開你們的雙眼，看清楚周遭世界，透過我們稱做肢體動作的無聲語言，幫助你們了解與懂得身旁的人。但閱讀肢體語言只是第一步，接著是更有趣的部分：找尋並測試你們所學的知識。靠自己「實地」驗證這些觀察，你將會發展出自己用以判讀人類行為的技巧套組。你研究與驗證的愈多，判讀人類行為會變得愈來愈容易，而你將會變成能夠立即注意到其他人忽視的訊號。

　　我們所有人都身處於人際事務之中，理解他人代表在意他人。領導能力是與了解和表達相關，而肢體語言就是了解與表達的關鍵元素。有能力的領導者，靠著兩個管道聆聽與傳播：口語與肢體語言。而即使我們的世界持續變得愈來愈數位化與去人性化，但面對面接觸，依舊對於發展關係、建立信任與和諧關係、了解他人與連結同理心來

說，是極度重要的。科技有其用處——它幫助我寫這本書
——但像是面對選擇摯友或與誰共度一生，科技就有其局
限性。但我們散發的肢體訊號，以及我們注意到他人發出
的肢體訊號，卻極其重要。

　　當然，沒有任何一本書能夠涵蓋所有的人類行為。其
他人的書關注不同的行為，也對超過本書範圍的知識貢獻
良多——也許有天會是你們做出貢獻。我一直以來的目
的，就是想要與他人分享我的知識與經驗，而這樣做帶給
我非常多的快樂。希望你們也會與他人分享所學到的肢體
語言與肢體溝通。希望你們的生活因著學到我們為什麼會
這樣做的原因，而跟我的生活一樣充實豐富。這一路的過
程無比有趣，謝謝你們的參與。

誌謝

開始每趟寫作之旅時，我有意識並記得一路上有許許多多幫助過我的人，不僅在寫作方面。大多數幫助過我的人都無法列名感謝，因為我老早就忘記他們的名字：曾經回答我問題的老師、共進過午餐的鄰居或教導我訓練專注力的教練等。我已經忘了他們的名字，但忘不掉的是他們的善舉。我也沒有忘記從北京到布加勒斯特等世界各地無數的人們，這些人買了我的書、在社交媒體上追蹤我的消息並鼓勵我寫作，種種的舉動皆讓我感到無比榮幸。

致阿什莉・蘿絲・汀沃（Ashleigh Rose Dingwall），謝謝你協助閱讀本書的草稿以及你的寶貴建議。致FBI裡的成員，特別是在出版品審閱部門的人員，謝謝你們長久以來孜孜不倦的協助。

威廉・莫羅公司（William Morrow）出版了我著作

中的其中四本書，正是因為人們喜歡出版商莉亞特·斯特赫利克（Liate Stehlik）以及進行本計畫案的傑出團隊成員，包括萊恩·畢安卡·佛羅瑞斯（Ryan Bianca Flores）、雷克斯·默德林（Lex Maudlin）以及生產編輯茱莉安·梅爾策（Julia Meltzer）。致我在威廉·莫羅公司的編輯尼克·安佛列特（Nick Amphlett），謝謝你一路支持這個計畫，以你的專業引導每個階段，我心存感恩。尼克，你非常和善、慷慨，在編輯過程中投入你的時間和想法，你與同事一同的努力讓此計畫成功，謝謝你。

致我的好友也是我的作家經紀人史帝夫·羅斯（Steve Ross），也是亞柏罕經紀公司（Abrams Artist Agency）書籍部門的經理，在此獻上我最深的感謝。大部分的作者都希望擁有像史帝夫一般的經紀人，因為他會聆聽、關心、提供諮詢並完成工作。史帝夫，你真是獨一無二。謝謝你在我最需要時的及時引導與領導。同時也大大感謝你的同事大衛·都瑞（David Doerrer）與麥迪遜·戴特林爾（Madison Dettlinger）對此計畫以及其他案子的協助。

如果不是我家人的支持，讓我能保持好奇心並踏上這

條較少人進行的道路，我就無法在此寫作。致我的雙親
──瑪莉亞娜（Mariana）與亞伯特（Albert），謝謝你們
的犧牲奉獻，讓我能成就勝利。致我的姊妹瑪麗安莉拉
（Marianela）與泰芮（Terry），哥哥愛你們。致我的女兒
史蒂芬妮（Stephanie），你擁有無比美麗的靈魂。致珍妮
絲・希拉蕊（Janice Hillary）與在倫敦的家人，謝謝你們
一直以來的鼓勵與理解。

　　最後致我的妻子史萊絲，謝謝你總是無比支持我做的
一切，但特別是我的寫作──感謝你。我從你的善良中汲
取力量，我從你的鼓勵中力求在各方面變得更好。自從你
進入我的生命之後，我變成更好的人。我每天都在最重要
的方式──你所做的每件事──之中，感受到你的愛。

參考書目

Alford, R. (1996). "Adornment." In D. Levinson and M. Ember (Eds.), *Encyclopedia of Cultural Anthropology.* New York: Henry Holt.

Burgoon, J. K., Buller, D. B., & Woodall, W. G. (1994). *Nonverbal communication: The unspoken dialogue.* Columbus, OH: Greyden Press.

Calero, H. H. (2005). *The power of nonverbal communication: How you act is more important than what you say.* Los Angeles: Silver Lake Publishers.

Carlson, N. R. (1986). *Physiology of behavior* (3rd ed). Boston: Allyn & Bacon.

Darwin, C. (1872). *The expression of emotion in man and animals.* New York: Appleton- Century Crofts.

Dimitrius, J., & Mazzarela, M. (1998). *Reading people: How to understand people and predict their behavior— anytime, anyplace.* New York: Ballantine Books.

Ekman, P., Friesen, W. Y., & Ellsworth, P. (1982). *Emotion in the human face: Guidelines for research and an integration of findings.* Ed. Paul Ekman. Cambridge, UK: Cambridge University Press.

Etcoff, N. (1999). *Survival of the prettiest: The science of beauty.* New York: Anchor Books.

Givens, D. G. (2005). *Love signals: A practical guide to the body language of courtship.* New York: St. Martin's Press.

———— . (1998–2007). *The nonverbal dictionary of gestures, signs & body language cues.* Spokane, WA: Center for Nonverbal Studies. Http://members.aol.com/nonverbal2/diction1.htm.

————. (2010). *Your body at work: A guide to sight- reading the body language of business, bosses, and boardrooms.* New York: St. Martin's Press.

Hall, E. T. (1969). *The hidden dimension.* Garden City, NY: Anchor Books.

————. (1959). *The silent language.* New York: Doubleday.

Iacoboni, M. (2009). *Mirroring people: The science of empathy and how we connect with others.* New York: Picador.

Knapp, M. L., & Hall, J. A. (2002). *Nonverbal communication in human interaction* (5th ed.). New York: Harcourt Brace Jovanovich.

LaFrance, M., & Mayo, C. (1978). *Moving bodies: Nonverbal communications in social relationships.* Monterey, CA: Brooks/Cole.

LeDoux, J. E. (1996). *The emotional brain: The mysterious underpinnings of emotional life.* New York: Touchstone.

Montagu, A. (1986). *Touching: The human significance of the skin.* New York: Harper & Row Publishers.

Morris, D. (1985). *Bodywatching: A field guide to the human species.* New York: Crown Publishers.

———— . (1994). *Bodytalk: The meaning of human gestures.* New York: Crown Trade Paperbacks.

————. (1971). *Intimate behavior.* New York: Random House.

———— . (1980). *Manwatching: A field guide to human behavior.* New York: Crown Publishers.

———— . (2002). *Peoplewatching: A guide to body language.* London:

Vintage Books.

Morris, Desmond, et al. (1994). *Gestures*. New York: Scarborough Books.

Navarro, J. (2016). "Chirality: A look at emotional asymmetry of the face." *Spycatcher* (blog). *Psychology Today,* May 16, 2016. https:// www.psychologytoday.com/blog/spycatcher/201605/ chirality- look-emotional- asymmetry- the- face.

Navarro, J., & Karlins, M. (2007). *What Every BODY Is Saying: An ex-FBI agent's guide to speed- reading people.* New York: HarperCollins Publishers.

Navarro, J., & Poynter, T. S. (2009). *Louder than words: Take your career from average to exceptional with the hidden power of nonverbal intelligence.* New York: HarperCollins Publishers.

Panksepp, J. (1998). *Affective neuroscience: The foundations of human and animal emotions.* New York: Oxford University Press.

Ratey, J. J. (2001). *A user's guide to the brain: Perception, attention, and the four theaters of the brain.* New York: Pantheon Books.

BM0045R

FBI讀心術速查手冊：
看穿407種姿勢，秒懂別人身體說什麼？
The Dictionary of Body Language: A Field Guide to Human Behavior

作　　者　喬・納瓦羅（Joe Navarro）
譯　　者　林楸燕
責任編輯　田哲榮
協力編輯　朗慧
封面設計　柳佳璋
內頁構成　李秀菊
校　　對　蔡昊恩

發 行 人　蘇拾平
總 編 輯　于芝峰
副總編輯　田哲榮
業務發行　王綬晨、邱紹溢、劉文雅
行銷企劃　陳詩婷
出　　版　橡實文化 ACORN Publishing
　　　　　地址：231030 新北市新店區北新路三段207-3號5樓
　　　　　電話：（02）8913-1005　傳真：（02）8913-1056
　　　　　網址：www.acornbooks.com.tw
　　　　　E-mail：acorn@andbooks.com.tw
發　　行　大雁出版基地
　　　　　地址：231030 新北市新店區北新路三段207-3號5樓
　　　　　電話：（02）8913-1005　傳真：（02）8913-1056
　　　　　讀者服務信箱：andbooks@andbooks.com.tw
　　　　　劃撥帳號：19983379戶名：大雁文化事業股份有限公司

印　　刷　中原造像股份有限公司
二版一刷　2023年12月
定　　價　450元
I S B N　978-626-7313-55-8

歡迎光臨大雁出版基地官網
www.andbooks.com.tw
・訂閱電子報並填寫回函卡・

國家圖書館出版品預行編目(CIP)資料

FBI讀心術速查手冊：看穿407種姿勢，秒懂別
人身體說什麼？ / 喬・納瓦羅(Joe Navarro) 著；
林楸燕譯. -- 二版. -- 臺北市：橡實文化出版：
大雁出版基地發行, 2023.12
　面；　公分
譯自：The dictionary of body language : a field guide
　　　to human behavior
ISBN 978-626-7313-55-8(平裝)

1.CST: 肢體語言 2.CST: 詞典

176.804　　　　　　　　　　　　112013995